FACH VERLAG
Verlagsgruppe Handelsblatt

Praxisreihe
Unternehmensführung & Personal

Rüdiger Kabst / Wolfgang Thost / Rodrigo Isidor

Interim Management

Auf dem Weg zur Selbstverständlichkeit

Mit Beiträgen von
Jörg Detlef von Boddien
Harald Linné
Frank Möbius
Rainer Nagel
Ulrich Spandau

und einem Vorwort von
Bolko von Oetinger

1. Auflage

2010
Fachverlag der Verlagsgruppe Handelsblatt GmbH Düsseldorf

Bibliografische Information der Deutschen Nationalbibliothek
Die Deutsche Nationalbibliothek verzeichnet diese Publikation
in der Deutschen Nationalbibliografie; detaillierte bibliografische
Daten sind im Internet über www.d-nb.de abrufbar.

ISBN: 978-3-942543-02-6

© 2010 Fachverlag der Verlagsgruppe Handelsblatt GmbH
www.fachverlag.de
info@fachverlag.de

Einbandgestaltung / Satz: Christian Voigt
Druck: freiburger graphische betriebe GmbH & Co. KG, www.fgb.de

Printed in Germany
September 2010

Fachverlag der Verlagsgruppe Handelsblatt GmbH Düsseldorf

Vorwort

Beratung und Interim Management besitzen eine gemeinsame Basis, beide leben von der Veränderung. Wollte man nichts verändern, benötigte man keine Beratung. Wollte man das bestehende Geschäft nicht mit einem kräftigen Ruck neu verorten, brauchte man auch keinen Personalwechsel. Nun ist Interim Management keine zwangsläufige Folgeerscheinung von Veränderungen. Tausende von Firmen ändern sich täglich mit ihrem eigenen Personal, ja, es gehört geradezu zum Qualitätssiegel anspruchsvollen Managements, ohne fremde Hilfe an der Spitze der Veränderung zu stehen.

Obwohl die Veränderungsbereitschaft nicht nur Manager, sondern alle Betriebsangehörigen angeht, ist die Führungsmannschaft vom Wandel besonders betroffen und gefährdet. Sie bewegt sich naturgemäß im Clausewitzschen Nebel der Ungewissheit, mag von ersten schwachen Signalen beunruhigt sein und weiß auch nicht genau, wohin die Reise gehen wird. Sie wird die Weggabelung erfinden müssen, um den eigenen Abzweig zu wählen, oder sie marschiert in eine Sackgasse und mit ihr die gesamte Organisation. Das Englische hält für die Sackgasse ein treffendes Wort bereit: „the dead end". Die Führungsmannschaft hat die doppelte Aufgabe, den rettenden Abzweig zu definieren, dem „toten Ende" zu entkommen und ihre Mannschaft auf den neuen Weg zu führen. Ihre große Stärke ist das Vertrauen, das ihr die Organisation entgegenbringt. Aber was passiert, wenn dieses Vertrauen sich verflüchtigt hat? Gute Unternehmen halten Führungspotenziale vor, aus denen sich die Neuen rekrutieren lassen, wenn das Personal in den Führungsetagen auszutauschen ist. Aber wenn keine internen Ressourcen unmittelbar zur Verfügung stehen, dennoch Großes in kurzer Zeit zu bewegen ist, dann ist Interim Management eine gute Option.

Nun kann man nicht bei jedem fundamentalen Bruch die Führungsmannschaft austauschen. Aber es gibt einen kognitiven Zusammenhang zwischen Erfolg und Veränderungsbereitschaft. Nichts ist so veränderungsfeindlich wie der Erfolg. Nicht der Erfolg ist das Problem, denn für den Erfolg werden wir alle bezahlt. Das Problem sind die Konsequenzen des Erfolgs, man möchte ihn perpetuieren und wird daher die erworbenen Glaubenssätze, wie das Geschäft zu betreiben ist, bald in Stein gemeißelt sehen wollen, damit ja keiner davon abweicht. Veränderung heißt, den Stein zu verwerfen. Deswegen ist die Beratung so wichtig, weil ihr scharfer Blick von außen nicht durch den inneren Erfolgsnebel getrübt wird. Das Neue zu entdecken ist nicht das Problem, sondern das Alte loszuwerden, ist die wirkliche Aufgabe der Führungskräfte. Das Alte und der Alte sind nicht immer, aber oft identisch. Das Alte hängt an Personen. Gutes Management hält auch dafür probate organisatorische Mittel bereit, wie Jobrotation,

Geschäfte ausgliedern, durch eine Akquisition das Neue mit frischen Mitarbeitern ins Unternehmen verpflanzen, Anreize neu setzen oder neue Führungskräfte finden, entweder im eigenen Haus oder extern.

Das Problem wird sehr deutlich, wenn sich Veränderungen hochkomprimiert darstellen wie bei Private Equity. Man kann über Private Equity geteilter Meinung sein, insbesondere über Finanzierungsüberlasten, aber Private Equity ist zunächst ein Prozess zur schnellen Umsetzung von grundlegenden Veränderungen, die schon seit langem überfällig waren, und die das bestehende Management aufgrund seiner starren Glaubenssätze versäumt hat. Bei Veränderungen im Private-Equity-Bereich geht es immer um Entschlossenheit, d.h. um Geschwindigkeit und Durchschlagskraft. Das ist die Stunde des Interim Managements. Es kommt von außen, ist frei von der Vergangenheit, es muss sich nicht auf eine lange Strecke mit politischen Querverbindungen in der Organisation auseinandersetzen, sondern kann sich allein der Aufgabe widmen, bis die Veränderung auf den Weg gebracht ist. Die Basis sind erfahrene Manager, die keine zweite Berufschance suchen, sondern eine punktuell schwierige Aufgabe, für die sie sich selber einen bestimmten Zeithorizont gesetzt haben. Sie sind mobile Management-Mediziner, die nach der Transplantation und der ersten Rehabilitation wieder gehen und sich der nächsten chirurgischen Herausforderung stellen.

Man muss nicht nur nach der für Private Equity typischen Veränderungsverdichtung schauen, um Interim Management zu verstehen, obwohl sich hier sein Wert deutlich erkennen lässt. Wenn die Glaubenssätze nicht mehr gültig und auf herkömmliche Weise nicht mehr änderbar sind, wenn die Strategie erstarrt ist, wenn keine internen Ressourcen greifbar sind, dann kann ein frischer Interim Manager den Befreiungsschlag einläuten. Darauf wollen die Autoren hinweisen.

Bolko von Oetinger

Inhaltsverzeichnis

Einleitung

Interim Management ist das innovativste Werkzeug der Unternehmensführung, um externe Kompetenz bedarfsgerecht und schnell ins Unternehmen zu holen. Trotz des offensichtlichen Mehrwertes wird dieses Umsetzungstool in Deutschland jedoch bislang stiefmütterlich behandelt. Die meisten Unternehmen kennen es nicht oder haben es noch nie angewendet. Während die Arbeitnehmerüberlassung von Ungelernten, Facharbeitern oder kaufmännischen Fachkräften für viele Unternehmen längst zum Standard geworden ist, befindet sich das Management auf Zeit noch in einer frühen Institutionalisierungsphase. Vorurteile sind weit verbreitet und führen vielfach zu Berührungsängsten. Durch die Nicht-Nutzung von Interim Management lassen Unternehmen jedoch wertvolle Potenziale zur Steigerung des Ertrags und des Unternehmenswertes ungenutzt, was insbesondere in der Krise ein Problem ist.

Zweifelsohne ist die Erschließung des Interim-Management-Potenzials kein Selbstläufer, sondern harte Arbeit auf nicht immer fruchtbarem Grund. Es gilt Vorbehalte, bedingt durch Unkenntnis sowie mangelnde Erfahrungen, zu überwinden. So wie es für viele Unternehmen in den 70er- und 80er-Jahren kaum vorstellbar war, externes Know-how in Form von Strategieberatern in das eigene Unternehmen zu holen, so fehlt heutzutage dem Interim Management vielfach noch die Akzeptanz in den Führungsetagen deutscher Unternehmen. Zudem bringt die frühe Institutionalisierungsphase des Interim Managements auch eine gewisse Heterogenität der Akteure und damit eine Intransparenz der Angebotsqualität mit sich. In Ermangelung hoher Markteintrittsbarrieren und etablierter Standards befinden sich Interim Manager sowie Interim-Management-Dienstleister unterschiedlicher Couleur auf dem Markt. Dieser Wildwuchs ist typisch für junge, stark wachsende Marktfelder. Für die weitere Marktentwicklung ist es essenziell, dass die zarte Reputationspflanze Interim Management nicht durch eine Vielzahl von zweifelhaften Marktteilnehmern im Keim erstickt wird.

Die Notwendigkeit einer Professionalisierung ist den Marktteilnehmern bewusst. Erste Schritte in diese Richtung sind in den letzten Jahren unternommen worden. So haben sich Akteure in Verbänden organisiert oder zu verbandsähnlichen Strukturen zusammengeschlossen. Beispiele hierfür sind die Dachgesellschaft Deutsches Interim Management e.V. (DDIM), die Bundesvereinigung Restrukturierung, Sanierung und Interim Management (BRSI) und der Arbeitskreis Interim Management Provider (AIMP).

Die Struktur der Interim-Management-Dienstleister befindet sich ebenfalls im Wandel. Während der Markt in den ersten Jahren durch Einzelkämpfer geprägt war, gewinnen größere Einheiten, die international aufgestellt sind und komplementäre Leistungen anbieten, an Bedeutung.

Aus wissenschaftlicher Sicht wird die Professionalisierung und Transparenz des Feldes durch empirische Kooperationsstudien von Marktteilnehmern und Hochschulen gestärkt. Während die Heuse-Reports zu den deutschen Pionierleistungen der empirischen Aufarbeitung des Feldes gehören, bereichern in letzter Zeit auch Studien anderer Marktteilnehmer unser Verständnis. Damit einhergehend steigt die Güte der empirischen Studien. Beispiele hierfür sind die Studien der DDIM in Zusammenarbeit mit Prof. Dr. Max Ringlstetter, der KPMG in Zusammenarbeit mit Prof. Dr. Wilfried Krüger (Universität Gießen), Prof. Dr. Norbert Bach (TU Ilmenau) und Dr. Michael Völpel oder auch die Studie von Amadeus FiRe und Greenwell Gleeson mit Dr. Nathalie Galais. All diesen Studien ist gemein, dass sie einen wertvollen Beitrag zum Verständnis des Interim Managements aus der Sicht der Interim Manager leisten. Diese Beiträge sind wichtig und unverzichtbar.

Unverkennbar ist jedoch auch, dass die empirischen Studien bisher einseitig und ausschließlich die Interim Manager befragten. Ihre Befragung ergibt zwar wichtige Hinweise für die Ermittlung von Persönlichkeits- oder Qualifikationsprofilen oder auch Einsatzzeiten und Einkommensverhältnissen, adressiert allerdings nicht die Kernfragen aus Unternehmenssicht. Für die Überwindung der Vorbehalte müssen jedoch die beauftragenden Unternehmen und nicht die von möglicherweise subjektiven Wunschvorstellungen geprägten Interim Manager befragt werden. Solche Befragungen auf Unternehmensebene sind bislang Mangelware. Fundierte Aussagen zum Mehrwert des Managements auf Zeit, sei dieser positiv oder negativ ausgeprägt, sind derzeit nicht möglich.

Dies stellt den Ausgangspunkt unseres Buches da. Wir beantworten zehn aus Unternehmenssicht kritische Fragen des Interim Managements. Die hierfür generierte Datenbasis ist einzigartig in Deutschland und setzt sich wie folgt zusammen:

1. Schriftliche postalische Befragung des obersten Personalverantwortlichen in jeweils 4.000 per Zufallsprinzip ausgewählten deutschen Unternehmen in den Jahren 2005 und 2009 im Rahmen des Cranfield Projects on International Strategic Human Resource Management (Cranet). Rücklauf von 357 ausgefüllten Fragebögen 2005 und 420 Fragebögen 2009. Stichprobe über alle Branchen und Größenklassen. Gegenstand: Verbreitung, Entwicklung, Einsatzgebiete und Motive des Interim Managements.

2. Schriftliche postalische Detailbefragung von 100 ausgewählten Unternehmen, die über einschlägige Erfahrungen mit dem Einsatz von Interim Management verfügen. Erhebung in den Jahren 2007 und 2008. Stichprobe über alle Branchen und Größenklassen. Gegenstand: Motive, Erfahrungen, Nutzen, Erfolg, Wissenstransfer, Akzeptanz und Vertrauen in den Einsatz von Interim Managern.

3. 21 strukturierte Interviews mit geschäftsführenden Gesellschaftern, Geschäftsführern, Vorständen und Personalleitern ausgewählter Unternehmen, die Interim Management einsetzen bzw. von einem Einsatz absehen. Teilweise ergänzende Befragung des jeweils tätigen Interim Managers. Stichprobe über alle Branchen und Größenklassen. Gegenstand: Motive, Vorurteile, Erfahrungen, Nutzen, Erfolg, Wissenstransfer, Akzeptanz und Vertrauen in den Einsatz von Interim Managern.

4. Darstellung von neun ausgewählten Interim-Management-Projekten. In den Kapiteln 1-9 wird jeweils eine Fallstudie bzw. ein Interview mit dem unternehmerischen Entscheider aufbereitet, um seine Erfahrungen mit dem Einsatz von Interim Management zu dokumentieren.

Die Analyse der aufgeworfenen Fragen erfolgt durch Experten aus Wissenschaft und Praxis. Prof. Dr. Rüdiger Kabst und Dipl.-Kfm. Rodrigo Isidor von der Justus-Liebig-Universität Gießen haben die empirischen Daten erhoben und sind für deren Auswertung zuständig. Beide verfügen über langjährige Erfahrung im Forschungsfeld des Interim Managements und haben zahlreiche Beiträge in Büchern und Zeitschriften zum Thema verfasst. Dr. Wolfgang Thost ist ausgewiesener Praxisexperte. Er ist Managing Partner bei der Atreus GmbH, dem Marktführer unter den Interim-Management-Dienstleistern in Deutschland. Ergänzt wird jede Fragestellung durch Statements aus Sicht des Interim-Management-Dienstleisters, aufbereitet durch die Partner von Atreus Interim Management, namentlich und in alphabetischer Reihenfolge: Jörg Detlef von Boddien, Dr. Harald Linné, Frank Möbius, Rainer Nagel, Dr. Ulrich Spandau und wiederum Dr. Wolfgang Thost. Bei der Aufbereitung der Fallstudien hat Sabine Dreesen, Interim Managerin im Mandat bei Atreus, wesentlich mitgewirkt, die kritische Durchsicht des Manuskripts hat Julia Kleine übernommen.

Damit die Struktur des Buches sowie die jeweiligen Perspektiven klar ersichtlich sind, haben wir einen einheitlichen Aufbau der Kapitel gewählt. Im Anschluss an eine kursiv gesetzte Zusammenfassung werden die auf Basis der oben genannten Datengrundlage ermittelten Ergebnisse zu den entsprechenden Fragestellungen konzeptionell aufgearbeitet. Daraufhin erfolgt eine Beurteilung der Ergebnisse aus der Sicht des Interim-Management-Dienstleisters. Abgerundet wird jedes Kapitel durch eine Fallstudie, die dem Leser einen Einblick in ein Interim-Management-Mandat ermöglicht. Die Anordnung der Kapitel beziehungsweise der Fragen wurde so gewählt, wie sie typischerweise von Unternehmen während eines Interim-Management-Mandats thematisiert werden: angefangen von den Vorbehalten gegenüber dem Einsatz eines Interim Managers über die Suche nach dem richtigen Kandidaten bis hin zu Fragen der Akzeptanz im Unternehmen und der Erfolgsmessung.

Kapitel 1 wirft einen Blick auf den Interim-Management-Markt in Deutschland und erklärt, warum Deutschland im Vergleich zu Nachbarländern wie Großbritannien, der Schweiz und den Niederlanden beim Einsatz von Interim Management hinter-herhinkt.

Kapitel 2 adressiert die Befürchtungen vieler Unternehmen, dass es während eines Interim-Management-Mandats zur ungewollten Verbreitung von wettbewerbsrele-vantem Know-how kommt.

Kapitel 3 erläutert, in welchen Situationen Unternehmen einen Interim Manager einsetzen. Dabei räumen wir mit einigen Gerüchten auf und zeigen, dass viele dieser bisher meist unwidersprochenen Annahmen nicht haltbar sind.

Kapitel 4 verschafft dem Leser einen Überblick, in welchen Unternehmensbereichen Interim Manager eingesetzt werden und welche Aufgabe sie dort erfüllen.

Da für eine erfolgreiche Aufgabenerfüllung verschiedene Kompetenzen notwendig sind, widmet sich **Kapitel 5** den Qualifikationen und Eigenschaften, die einen erfolg-reichen Interim Manager auszeichnen.

Vielfach werden Interim Manager mit klassischen Unternehmensberatern vermischt. Daher wird in **Kapitel 6** das Profil des Interim Managers mit dem des Unterneh-mensberaters kontrastiert. Anschließend wird analysiert, wann welcher von beiden eingesetzt werden sollte.

Kapitel 7 beantwortet die Frage, über welche Rekrutierungswege man den richtigen Kandidaten findet. Es zeigt zudem, welchen Mehrwert ein Interim-Management-Dienstleister beisteuern kann.

Kapitel 8-9 beziehen sich auf die Zeit während des Interim-Management-Mandats. **Kapitel 8** hinterfragt, ob es einem Interim Manager trotz seiner kurzen Verweildauer und oft prekären Aufgaben gelingt, Akzeptanz bei den Mitarbeitern zu gewinnen.

Kapitel 9 zeigt verschiedene Methoden der Erfolgsevaluation auf, die ein Unterneh-men am Ende eines Mandats anwenden kann, und erläutert ihre jeweiligen Stärken und Schwächen.

In **Kapitel 10** stellen die Autoren zehn Thesen zur zukünftigen Entwicklung des Inte-rim-Management-Marktes auf.

Das Autorenteam wünscht Ihnen, liebe Leserin und lieber Leser, eine spannende Lek-türe. Sie können das Buch an einem Stück lesen, nach ausgewählten Kapiteln oder modular aufgebaut:

Durch die kursiv gesetzten Zusammenfassungen bekommen Sie einen schnellen Überblick über die wesentlichen Erkenntnisse. Sind Sie besonders am konzeptionell-empirischen Hintergrund interessiert, ist der erste Teil eines Kapitels für Sie von Bedeutung. Interessiert Sie eher die Perspektive des Praktikers können Sie sich auf die Statements des Dienstleisters konzentrieren. Wollen Sie jeweils einen in sich abgerundeten Fall kennenlernen, ohne sich im Detail die Kernaussagen des jeweiligen Kapitels anzueignen, sind die Fallstudien auch für sich genommen lesenswert.

Es würde uns sehr freuen, wenn wir Ihnen einen wertvollen Einblick in das Interim Management ermöglichen. Möge Ihnen diese Lektüre für eine fundierte Entscheidung über den Einsatz von Interim Management von Nutzen sein.

Gießen/München, August 2010   *Rüdiger Kabst, Wolfgang Thost und Rodrigo Isidor*

« Konzept

Rüdiger Kabst / Wolfgang Thost / Rodrigo Isidor

Breiter Einsatz von Interim Management: Gibt es Hürden?

Der Interim-Management-Markt in Deutschland wächst stetig, von einer institutionalisierten Managementpraxis kann jedoch keine Rede sein. Viele Unternehmen zögern immer noch, einen Interim Manager einzusetzen, auch wenn es objektiv gesehen nötig wäre. Hierzulande deutet man den Zukauf externen Management-Know-hows als Eingeständnis des eigenen Scheiterns. In den Niederlanden und England geht man dagegen viel unbefangener mit der Unterstützung durch Interim Manager um.

Mögliche Ursachen für die bestehenden Berührungsängste sind neben Unkenntnis die Unsicherheit vermeidende deutsche Kultur, die noch fehlende Legitimität von Interim Management im deutschen Markt und die organisationale Trägheit, die mit dem Alter und der Größe des Unternehmens zunimmt.

Die bestehenden Berührungsängste können durch eigene Erfahrungen mit dem Instrument abgebaut werden. Aber auch nach außen kommunizierte positive Erfahrungen anderer Unternehmen - sei es aus dem Inland oder Ausland - helfen, die Legitimität von Interim Management zu erhöhen. Verstärkt wird dieser Effekt, wenn Best-Practice-Unternehmen als Referenzen dienen.

Die Zunahme des Bekanntheitsgrades und der Legitimität liegt auch in der Hand der beteiligten Akteure. Verstärkte Öffentlichkeitsarbeit, systematische Vertriebsanstrengungen der Interim-Management-Dienstleister und die weitere Professionalisierung des Marktes sind die richtigen Hebel.

Die Fallstudie Zarges Aluminium Systeme GmbH zeigt, dass die Erwartungen von Unternehmen in das Tool Interim Management häufig sogar übertroffen werden. Der Aluminiumhersteller musste nach seinem gelungenen Eintritt in die Windkraftbranche sehr schnell die Materialkosten reduzieren, um wettbewerbsfähig zu bleiben. Da diese Aufgabe nicht mit internen Ressourcen bewältigt werden konnte, entschied sich die Geschäftsführung für den erstmaligen Einsatz eines Interim Managers. Der interimistische Einkaufsleiter stellte das komplette Lieferantenmanagement auf den Prüfstand und entwickelte in Zusammenarbeit mit dem Team Konzepte, deren erfolgreiche Umsetzung sich schnell im operativen Ergebnis niederschlug.

Interim Management steckt in Deutschland noch in den Kinderschuhen. Viele Unternehmen tun sich schwer damit, Manager auf Zeit einzusetzen und ihren Einsatz nach außen zu kommunizieren. Zu groß sind die Ängste vor der Aussendung eines möglicherweise unerwünschten Signals.

Dies erinnert an die frühe Zeit der strategischen Unternehmensberatungen in Deutschland, als deren Einsatz noch wenig verbreitet und bei manch einem Unternehmen kaum vorstellbar war. Diese Befürchtungen sind für klassische Unternehmensberatungen weitestgehend erloschen. Ganz im Gegenteil: Heutzutage geht mit dem Einsatz von etablierten Unternehmensberatern ein Signal der Legitimität und der aktiven Gestaltung einher. Für Interim Management ist diese reife Institutionalisierungsphase in Deutschland noch nicht erreicht.

Drei Stufen der Institutionalisierung

Die Institutionalisierung einer neuen Managementmethode ist ein langwieriger Prozess. Tolbert und Zucker (1996) sprechen von einem dreistufigen Institutionalisierungsprozess, der aus den Phasen der Prä-Institutionalisierung (Habitualisierung), Semi-Institutionalisierung (Objektivierung) und der vollständigen Institutionalisierung (Sedimentation) besteht.

In der Phase der Habitualisierung erfolgt die Herausbildung neuer struktureller Konfigurationen und Methoden als eine Reaktion auf veränderte Marktkräfte, Gesetzgebungen oder Technologien. Diese Phase begann für das Interim Management in Deutschland mit der Wiedervereinigung. Um den sprunghaft angestiegenen Bedarf an Managementkapazitäten abzudecken, setzte die Treuhandgesellschaft damals erfahrene Manager ein.

Der Übergang in die semi-institutionelle Phase ist fließend. Positive Erfahrungen und die Unterstützung der neuen Managementmethode durch Interessengruppen senken die Skepsis und fördern die zunehmende Anerkennung der neuen Praktiken. In dieser Phase befindet sich das Interim Management in Deutschland derzeit. Erst seit einigen Jahren bemühen sich Interessenvertretungen wie die DDIM, der AIMP und auch die BRSI, die Bekanntheit dieser neuen Managementdienstleistungen zu erhöhen. Konflikte und Unstimmigkeiten zwischen den Interessenvertretungen verhindern jedoch bislang eine effiziente und zielgerichtete Öffentlichkeitsarbeit.

In der letzten Institutionalisierungsphase genießen die neuen Instrumente einen hohen Akzeptanzgrad, werden nicht mehr hinterfragt und als „taken for granted" wahrgenommen. Schaut man sich beispielsweise den Institutionalisierungsprozess von Strategie- oder Personalberatungen mit Direktansprache von Führungskräften an, so dauerte es mehrere Jahrzehnte, bis sie zum Standard-Tool wurden. Davon ist Interim Management noch meilenweit entfernt. Kennzeichnend für eine reife Phase der

wirklichen Institutionalisierung und Sedimentation wäre auch eine realistische Preis-
wahrnehmung. Derzeit wird Interim Management aus Unkenntnis oder mangelnder
Erfahrung häufig noch als teuer wahrgenommen, was bei objektiver Kalkulation so
nicht haltbar ist.

Die Entstehung eines neuen Industriezweigs

Interim Management ist eine relativ junge Branche. Die Geschichte reicht zurück bis
zum Anfang der 70er-Jahre, als die ersten Gesellschaften für Interim Management in
Skandinavien entstanden. Für die Umsetzung des noch neuen Lean Managements
war spezielles Expertenwissen gefragt. So führte etwa das Outsourcen von Arbeits-
prozessen zu einer verstärkten Nachfrage nach externen Kapazitäten. Es entstand ein
erhöhter, punktueller Managementbedarf. Als eigentliche Wiege des Interim Managements gelten jedoch die Niederlande, wo sich das Management auf Zeit in Folge der
restriktiven arbeitsrechtlichen Situation in den 70er-Jahren rasant entwickelte. Die
holländischen Nachbarn erkannten die Vorteile der zeitlich befristeten Einsätze, um
mehr Flexibilität im Arbeitsmarkt zu erhalten. Die Anzahl der Interim Manager wuchs
innerhalb weniger Jahre stark an.

Später Start in Deutschland

Das Konzept Interim Management startete seinen europäischen Siegeszug und verbreitete sich über Skandinavien, die Beneluxländer und die Schweiz auch rasch in
Großbritannien und später in Deutschland. Ein Grund für die Verzögerung sind die
unterschiedlichen Managementmentalitäten. Während in den USA und England das
Management eher sach- und zweckorientiert denkt und handelt, also ein nüchternes
Kosten-Nutzen-Denken vorherrscht, sind die deutschen Führungskräfte mehr per-
sonen- und konsensorientiert, weshalb eine zügige Lösung von Aufgabenstellungen
durch Interim Manager nicht immer gleich in Betracht gezogen wird.

> *» Anfangs wusste niemand so genau etwas mit dem Thema ‚Management auf
> Zeit' anzufangen. Typische externe Reaktionen waren etwa: ›Die Dienstleistung
> mag zwar interessant sein, aber wo kommen diese Interim Manager überhaupt
> her? Sind die woanders durchgefallen?‹ «*
>
> **Harald Linné**, Managing Partner Atreus

Schnelles Wachstum ab den 90er-Jahren

Seit seinen Anfängen verzeichnet der Markt des Interim Managements ein enormes Wachstum sowohl auf der Angebots- als auch auf der Nachfrageseite. In Deutschland gab es im Zuge der Wiedervereinigung einen sprunghaften Anstieg des Bedarfs an Managementkapazitäten. Der Grund war der Zusammenbruch des kommunistischen Systems mit der ihm eigenen Zentralverwaltungswirtschaft. Auf einmal gab es in den neuen Bundesländern zahlreiche Unternehmen, Kombinate und Staatsbetriebe, die saniert, restrukturiert, abgewickelt oder in westdeutsche, europäische oder amerikanische Unternehmen integriert werden mussten. Ende 1989 traten die ersten Anbieter von Interim-Management-Dienstleistungen auf den Plan: Es gab sehr viel zu tun und sehr wenig Interim Manager. Händeringend versuchten die Dienstleister fest angestellte Manager dazu zu bewegen, sich als Manager auf Zeit zu betätigen. Und siehe da, es funktionierte.

Nachdem die Wende Anfang der 90er-Jahre vorläufig bewältigt war, flaute der erste Boom wieder ab. Viele Interim Manager und Dienstleister, die sich größtenteils auf die Treuhandanstalt und deren Betriebe in der ostdeutschen Wirtschaft konzentriert hatten, machten eine schwere Zeit durch. Ein weiterer Schub folgte in der Boomphase der New Economy und des Neuen Marktes. Hier halfen Interim Manager den oft jungen und unerfahrenen Unternehmensgründern beim Geschäftsaufbau (Groß & Bohnert 2007). Von da an wuchs die Branche Jahr für Jahr zweistellig, bis die Finanzkrise 2009 erstmals wieder ein Abflachen der Wachstumsrate verursachte.

Gut zehn Jahre später weist der deutsche Markt hohe Wachstumsraten auf. Im internationalen Vergleich steckt er aber immer noch in einer frühen Institutionalisierungsphase. Die Zahl der Unternehmen, die das Tool häufig und immer wieder nutzen, steigt zwar, aber der Mehrzahl der Unternehmen ist es noch mehr oder weniger unbekannt. Dabei ist bemerkenswert, dass der Nutzungsgrad bislang stärker gewachsen ist als die Bekanntheit. Das heißt, der erfahrene Kunde kommt zurück und nutzt das Tool immer wieder. Der neue Kunde tut sich aber nach wie vor schwer, sein Zögern zu überwinden.

Die Nutzung von Interim Management wächst schneller als die Bekanntheit

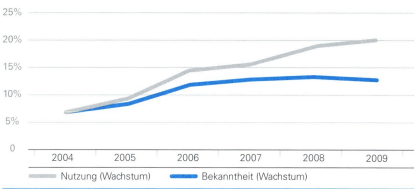

Quellen: DDIM (2007), AIMP (2006 – 2009), Heuse (2004 – 2009), Atreus (2009), Cranet (2005, 2010)

Abb. 1: Bekanntheit und Nutzung von Interim Management durch Unternehmen in Deutschland

Aktuell hat der Einsatz von Interim Management für Change-Management- und Restrukturierungsaufgaben deutlich zugenommen. In Zeiten der Weltwirtschaftskrise setzen Unternehmen, Banken oder Private-Equity-Gesellschaften auf erfahrene Manager. Auf diese Weise können Veränderungen und Projekte schneller und mit größerem Erfolg umgesetzt, Krisen verhindert oder besser bewältigt werden.

Dies zeigt auch die nachfolgende Grafik. Immerhin knapp 30 Prozent der befragten Unternehmen sind der Meinung, dass die Methode in Deutschland noch nicht etabliert ist, obwohl sie bereits Interim Management eingesetzt haben.

Nur für Insider gilt Interim Management als etabliert

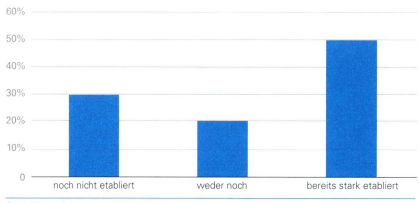

Quelle: Eigene Recherche

Abb. 2: Institutionalisierung von Interim Management in Deutschland (Nutzerbefragung)

Ganz anders sieht das in den Niederlanden und Großbritannien aus. Dort gilt die Dienstleistung Interim Management seit langem als Standard-Tool und genießt als institutionalisiertes Element einen hohen Akzeptanzgrad. Es wird nicht mehr hinterfragt, sondern als „taken for granted" wahrgenommen.

Der deutsche Interim-Management-Markt im Vergleich

Die Angaben zur Größe des deutschen Interim-Management-Marktes beruhen auf Schätzungen. Es gibt keine systematische Übersicht der für die Berechnung des Marktvolumens notwendigen Faktoren, beispielsweise der Anzahl der aktiven Interim Manager, deren Tagessätze und ihre Auslastung. Die uns vorliegenden Schätzungen stammen größtenteils von Branchen-Insidern oder Interim-Management-Dienstleistern und müssen auf Grund möglicher Eigeninteressen mit Vorsicht interpretiert werden.

Nach Berechnungen der Dachgesellschaft Deutsches Interim Management e.V. und der Katholischen Universität Eichstätt-Ingolstadt (DDIM 2007) erwirtschafteten 2006 rund 3.350 Interim Manager einen Umsatz von 489 Millionen Euro. Etwa 20 bis 30 professionelle Interim-Management-Dienstleister sind derzeit auf dem deutschen Markt. Sie vermittelten laut Ludwig-Heuse-Studie 2007 rund 30 Prozent der Interim-Management-Mandate. Mehr als die Hälfte der Mandate (ca. 56 Prozent) kam durch eigene Akquise der Manager zustande. Die geschätzten Wachstumsraten bewegen sich zwischen zehn und 30 Prozent. Für das Jahr 2010 erwarteten die von der DDIM befragten Interim Manager ein Marktvolumen von ca. 750 Millionen Euro.

Mit der 2009 erhobenen Lünendonk-Studie untersuchte erstmals ein unabhängiges Marktforschungsinstitut den Markt für Interim Management in Deutschland. Sie befragte nicht nur Interim Manager, sondern auch etliche große und mittlere Dienstleister. Der Studie zufolge betrug die Zahl der in Deutschland tätigen Interim Manager 2008 etwa 8.000. Das Marktvolumen, bezogen auf den Umsatz der freiberuflichen Interim Manager, beziffert sie mit circa einer Milliarde Euro.

Zwar belegt die Entwicklung des deutschen Interim-Management-Marktes, dass Deutschland stark aufgeholt hat, dennoch bleibt dieser, gemessen am Bruttoinlandsprodukt, hinter Großbritannien, den Niederlanden und der Schweiz zurück. Schätzungen zufolge bieten in den Niederlanden etwa 40.000 Interim Manager ihren Dienst an. Der Markt gilt als gut etabliert. In Großbritannien ist die Akzeptanz besonders hoch: Etwa 80 Prozent der Unternehmen setzen Interim Manager ein (Kablitz 2007). Die Nutzung von Interim Management hat in Großbritannien in den letzten Jahren um 137 Prozent zugenommen (Grapevine 2004).

Auch den von uns interviewten Experten ist diese unterschiedliche Entwicklung nicht entgangen. Sie heben vielfach hervor, dass der Markt in Ländern wie England oder den Niederlanden ein „entwickelter", „ganz anderer" Markt ist, wo Interim Management

„bekannter", „stärker verbreitet" und „geläufig" ist. Gleiches gilt für die als eher konservativ geltende Schweiz.

Die unterschiedlichen Institutionalisierungsphasen der Interim-Management-Märkte manifestieren sich auch in der Professionalisierung der Interessenvertretungen. Zwar existieren mit der DDIM und dem AIMP Interessenvertretungen der Interim Manager bzw. der Dienstleister, jedoch wurden diese im Vergleich zu ihren ausländischen Pendants viel später gegründet.

Deutschland eilt in der Institutionalisierung nach

	Interessenvertretung	
	Interim Manager	**Dienstleister**
Niederlande	ORM (gegründet 1989)	RIM (gegründet 1986)
Großbritannien	IIM (gegründet 2001)	IMA (gegründet 1987)
Deutschland	DDIM (gegründet 2003)	AIMP (gegründet 2004) DDIM (seit 2005 offen für Dienstleister)

Quelle: Eigene Recherche

Abb. 3: Interessenvertretungen von Interim Managern und Dienstleistern

Mögliche Ursachen für die unterschiedlichen Marktentwicklungen

Kulturelle Unterschiede

Die gravierenden Unterschiede in den Marktentwicklungen lassen sich zum Teil kulturell erklären. Auch wenn das Streben nach Sicherheit ein Merkmal aller Menschen ist, kann es durch unterschiedliche kulturelle Prägung mehr oder weniger stark verinnerlicht sein. Kulturvergleichende Studien wie die GLOBE-Studie (House et al. 2004) oder die Untersuchung von Hofstede (2001) belegen, dass Deutschland im Ländervergleich sehr hohe Werte in der Dimension „Unsicherheitsvermeidung" aufweist.

Unsicherheitsvermeidung wird als ein Verhalten beschrieben, bei dem die Mitglieder einer Gesellschaft oder Organisation danach streben, Unsicherheiten aus ihrem Leben zu eliminieren. Die starke Ausprägung in Deutschland zeigt, dass Unternehmen hierzulande in hohem Maße auf etablierte soziale Normen, Rituale und bürokratische

Praktiken vertrauen. Dadurch versuchen sie, die Wahrscheinlichkeit unvorhersehbarer zukünftiger Entwicklungen zu verringern, sprich ein möglichst hohes Maß an Sicherheit zu realisieren.

Der zögerliche Einsatz von Interim Management in deutschen Unternehmen lässt sich somit auch durch Berührungsängste gegenüber Unbekanntem und neuen Praktiken erklären. Dies sieht in den Niederlanden und Großbritannien ganz anders aus. Die Ausprägungen dieser beiden Länder sind in der Kulturdimension „Unsicherheitsvermeidung" deutlich geringer und lassen eine höhere Offenheit bzw. ein geringeres Sicherheitsbedürfnis erkennen. Die gleiche Rangfolge ergibt sich ebenfalls nach den Ergebnissen der GLOBE-Studie. Auch die Niederlande und die Schweiz als Länder mit vergleichsweise kleinem Heimatmarkt öffnen sich internationalen Innovationen offenbar leichter und schneller, als Deutschland es tut.

Deutschland scheut die Anwendung neuer Tools

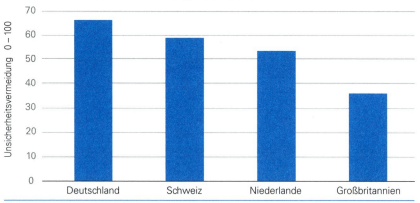

Quelle: Hofstede (2009)

Abb. 4: Unsicherheitsvermeidung in Deutschland, der Schweiz, den Niederlanden und Großbritannien

Unsere Experteninterviews bestätigen die zurückhaltende Einstellung deutscher Unternehmen gegenüber neuen Managementpraktiken. Mehrfach wurde die Scheu vor unbekannten Dingen genannt.

Neben der Landeskultur werden Unternehmen zusätzlich durch die jeweilige Branchenkultur geprägt. So ist festzustellen, dass Unternehmen in technologieorientierten und innovativen Branchen grundsätzlich eher bereit sind, Interim Management einzusetzen. Laut Marktbarometer der DDIM (2007) finden die meisten Einsätze im Bereich der Automobil- und Zulieferindustrie sowie in der Telekommunikations-, Medien- und Hightech-Branche statt.

> *» Es gibt eine Distanz a priori, weil die Unternehmen keine Erfahrung*
> *mit Interim Management haben und ihnen das Tool neu und unbekannt ist. «*
>
> **Ulrich Spandau**, damaliger Konzernbereichsleiter Personal der TÜV SÜD AG
> und jetziger Managing Partner Atreus

Eine Frage der Legitimität

Die Frage, ob es zu einem Einsatz von Interim Management kommt, hängt auch davon ab, ob eine Managementpraktik als etabliert gilt oder nicht. Dies lässt sich anhand des Neo-Institutionalismus erklären. Demnach werden unternehmerische Entscheidungen nicht nur nach Effizienzgesichtspunkten, sondern auch im Hinblick auf das Streben nach Legitimität getroffen. Um Legitimität zu erlangen und den Fortbestand der Organisation zu sichern, müssen Organisationen die Vorgaben und Zwänge der institutionellen Umwelt annehmen. Durch die Übernahme der Institutionen signalisiert das Unternehmen, akzeptierten Spielregeln Folge leisten zu wollen. Da Organisationen nur dann einen Zugang zu Ressourcen erhalten, wenn sie den Anforderungen der Umwelt gerecht werden, ist die Adaption institutionalisierter Regeln sowie die daraus gewonnene Legitimität von existenzieller Bedeutung für die Organisation.

Organisationale Trägheit

Die organisationale Trägheit ist einer der Hauptgründe, warum Organisationen nur in einem geringen Maße fähig sind, sich zielgerichtet an Umweltveränderungen anzupassen und sich ihre Handlungsfähigkeit zu bewahren. Sie beschreibt das Verharren auf dem Status quo und den Widerstand gegenüber Veränderungen. Die organisationale Trägheit kann durch eine Vielzahl von Prozessen hervorgerufen werden und lässt sich in interne und externe Hindernisse einteilen. Auf Grund von fehlendem Know-how oder Widerständen im Unternehmen unterlassene Investitionen sind Beispiele für interne Hindernisse. Markteintritts- und Marktaustrittsbarrieren oder die finanzielle Belastung durch die Akquise des nötigen Know-hows sind Beispiele für externe Hindernisse.

Die organisationale Trägheit kann mit ein Grund für den seltenen Einsatz von Interim Management sein. Interim Management gehört weder zur Routine noch zu den etablierten Managementpraktiken. Durch den Interim Manager wird der etablierte Status quo geändert, was den Widerstand der betroffenen Akteure hervorruft.

Die organisationale Trägheit unterliegt zudem einer Pfadabhängigkeit, also dem Erfahrungshintergrund eines Unternehmens. Diese Pfadabhängigkeit wird immer größer, je älter ein Unternehmen ist, bzw. je länger es gewisse Routinen und Abläufe institutionalisiert hat. Es verwundert daher nicht, dass zahlreiche Studien (Hannan & Freeman 1984; Hannan et al. 2002) belegen, dass insbesondere ältere Unternehmen eine starke organisationale Trägheit aufweisen. Dieses Bild zeichnet sich auch beim Einsatz von Interim Management ab. Junge Unternehmen setzten deutlich häufiger Interim Manager ein als ältere, mittelständische häufiger als etablierte Großkonzerne.

Junge Unternehmen setzen Interim Management häufiger ein

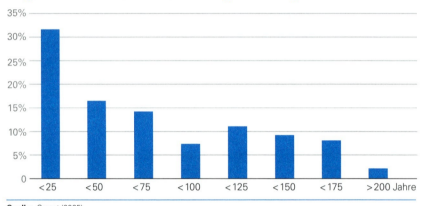

Quelle: Cranet (2005)

Abb. 5: Alter der Unternehmen, die Interim Management einsetzen

Von den 32 Prozent der unter 25 Jahre alten Unternehmen, sind über die Hälfte (55 Prozent) nicht einmal zehn Jahre alt. Die Führungsriegen sind mit jüngeren Managern besetzt, die neuen Instrumenten, wie dem Interim Management, aufgeschlossen gegenüber stehen. Bei älteren und großen Unternehmen steht man dem Einsatz von Interim Managern skeptisch gegenüber.

» Interim Management passt bei denen nicht in die Philosophie rein,
da ist es dann doch wichtiger im Kegelverein zu sein. «

Markus Schmid, damaliger Chief Executive Officer und President
der Tele Columbus Gruppe

Abbau von Berührungsängsten

Da Interim Management in Deutschland noch nicht als Best-Practice-Methode angesehen wird, müssen die vorhandenen Berührungsängste abgebaut werden. Das geschieht am besten, indem die Unternehmen eigene Erfahrungen sammeln.

Auf diese Weise können die Verantwortlichen sehr schnell feststellen, ob sich die Vorurteile und Ängste bestätigen oder ob sie den Einsatz von Interim Management in der Vergangenheit zu Unrecht verhinderten.

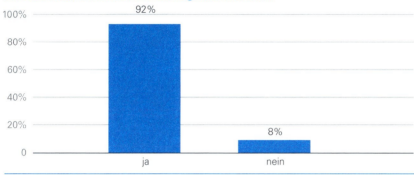

Die Zufriedenheit mit Interim Management ist hoch

Quelle: Eigene Erhebung

Abb. 6: Würden Sie wieder einen Interim Manager einsetzen?

Die positive Wirkung von Erfahrungen aus erster Hand belegt auch unsere Umfrage. 92 Prozent der befragten Unternehmen, die bereits einen Interim Manager eingesetzt haben, würden dies wieder tun.

Neukunden werden zu Wiederholkunden

Setzten 2005 nur knapp 20 Prozent der befragten Unternehmen Interim Management ein, waren es 2009 immerhin 28 Prozent. Dies entspricht einer jährlichen Neukunden-Wachstumsrate von elf Prozent. Der Unterschied zu den von der DDIM und dem AIMP ermittelten Wachstumsraten von durchschnittlich 14 Prozent ergibt sich daraus, dass unsere Untersuchung lediglich die Neukunden berücksichtigt, also Unternehmen, die erstmalig Interim Management eingesetzt haben. Die Zahlen der Dachverbände offenbaren einen weiteren positiven Trend, nämlich den wiederholten Einsatz von Interim Managern (vgl. Abb. 1).

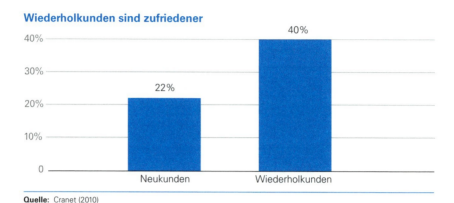

Quelle: Cranet (2010)

Abb. 7: Unternehmen, die das Tool Interim Management kennengelernt haben,
möchten nicht mehr darauf verzichten

Unternehmen, die bereits früher mit Interim Managern gearbeitet haben, vertrauen
also wiederholt bzw. umfangreicher auf den Einsatz von Interim Managern. Dies ist
eines der erfreulichsten und nachhaltigsten Zeichen für die Zufriedenheit mit dem
Tool und den eingesetzten Interim Managern.

Dennoch ist der Anteil an Unternehmen, die Interim Management einsetzen, immer
noch relativ gering. Im Vergleich zu Berufsfeldern wie Zeitarbeit, Strategie- oder Per-
sonalberatung kann man noch nicht von einer etablierten Dienstleistung sprechen.
Laut AIMP beträgt der Anteil der Interim Manager gemessen an der Gesamtzahl der
Erwerbstätigen in Deutschland 0,4 Promille. Wenn etwa fünf Prozent aller Arbeit-
nehmer in leitenden Funktionen tätig sind, werden höchstens zwei Prozent aller Ma-
nagementleistungen interimistisch erbracht, wahrscheinlich sogar noch weniger. In
entwickelten Märkten wie Holland sind es ein Drittel oder mehr. In Anbetracht dieser
Zahlen wird schnell klar, dass es noch viel zu tun gibt, bevor man von einer etablierten
und institutionalisierten Dienstleistung sprechen kann.

Legitimität durch Referenzen

Eigene Erfahrungen mit Interim Management sind jedoch nicht die einzige Methode,
um die bestehenden Berührungsängste abzubauen. Auch Referenzen können dem Interim Management zu mehr Legitimität verhelfen. Erfolgreich abgewickelte Projekte,
die nach außen kommuniziert werden, spiegeln die Leistungsfähigkeit der Interim-
Management-Branche wider. So trug auch der Einsatz von Helmut Sihler als Interim
Manager für den Vorstand der Deutschen Telekom AG erheblich dazu bei, diese Managementpraktik bekannter zu machen. Gleiches gilt für die zweijährige Präsenz von
Jürgen Dormann als Vorsitzender des Verwaltungsrates und Sanierer von ABB. Da aus

neo-institutionalistischer Sicht besonders diejenigen Unternehmen kopiert werden, die innerhalb ihrer Branche eine zentrale Stellung einnehmen, haben solche Darstellungen eine besondere Hebelwirkung für die Verbreitung von Interim Management. Allerdings sind beide Beispiele auch dazu geeignet, den Eindruck zu verfestigen, dass Interim Management ein Tool ist, das man nur in höchster Not einsetzt.

In einer zunehmend globalisierten Wirtschaftswelt sind jedoch nicht nur die inländischen Praxisbeispiele das Vehikel einer größeren Bekanntheit. Die Erfolge des Interim Managements im Ausland helfen ebenfalls, die Legitimität dieser Maßnahme zu erhöhen.

» Unternehmen sehen mittlerweile ein, dass sie nichts verlieren, wenn sie einsetzen, was in England und den Nachbarländern gang und gäbe ist. «

Franz Hacker, damaliger Geschäftsführer der Dobler Metallbau Werkstätten GmbH

Ulrich Spandau

Perspektive des Interim-Management-Dienstleisters

In der Praxis lässt sich häufig nicht unterscheiden, ob die Scheu vor einem Ersteinsatz von Interim Management auf der Angst vor Unsicherheit, fehlender Legitimität des Tools oder organisationaler Trägheit beruht. Fakt ist auf alle Fälle, dass die größte Hürde die fehlende Erfahrung im eigenen Unternehmen ist. Wird diese Hemmschwelle erst einmal überwunden, steht einem wiederholten Einsatz nichts mehr im Wege. Die meisten Kunden werden zu Wiederholkunden und setzen Interim Management immer wieder ein. Das Tool gibt ihnen Alternativen bei Problemlösungen, über die sie vorher nicht verfügten.

Was der Bauer nicht kennt, isst er nicht, und was der Manager nicht kennt, nutzt er nicht: Da Interim Management kein geschützter Begriff ist, behaupten manche Entscheider, dass Interim Manager gescheiterte Manager seien, die anderweitig keine Chance mehr hätten. Dies impliziert die Annahme, dass Feststellen-Manager per se leistungsfähiger als Interim Manager sind, denen damit eine gewisse Unseriosität unterstellt wird. Vom Gegenteil müssen diese zögerlichen Anwender erst noch überzeugt werden.

Interessante Karrieren erfahren immer wieder Brüche, die weniger mit der Qualität des Managers zusammenhängen als beispielsweise mit dem politischen Umfeld. Ein Manager, der in Unternehmen A scheitert, brilliert möglicherweise in Unternehmen B. Durch seine breite Erfahrung in unterschiedlichen Unternehmenskonstellationen sowie durch seinen gezielt überqualifizierten Einsatz kann er einer vergleichbaren internen Kraft sogar weit überlegen sein.

Unabhängig davon, worauf die Vorbehalte des Unternehmens beruhen, ist es die Aufgabe des Interim Managers, diese überwinden zu helfen, indem er

▸ für Referenzen sorgt, die über jeden Zweifel erhaben sind,

▸ einem Netzwerk angehört, das einen Teil dieser Referenzfunktion übernimmt,

▸ sich für einen Dienstleister entscheidet, der für die Qualität des Managers bürgt.

Die überzeugendste Referenz ist ein Folgeprojekt beim gleichen Kunden, das die Zufriedenheit des Unternehmens mit der Arbeit des Managers unter Beweis stellt. Da Interim Manager ihrer Aufgabe bewusst überqualifiziert gegenübertreten, lässt sich über gute Referenzen ihre Eignung einschätzen.

Die Unsicherheit eines Unternehmens ist auch aus anderen Gründen nachvollziehbar: Interim Manager werden häufig dann geholt, wenn bereits manifeste Krisensymptome festzustellen sind, wenn andere Manager an der Aufgabe gescheitert sind oder wenn Alarmstufe rot ausgelöst wurde. Das sind allerdings Situationen, in denen man ungern Fremde ins Unternehmen hineinschauen lässt.

Grundsätzlich gilt, dass festangestellte Mitarbeiter und externe Dienstleister – seien es Interim Manager oder Berater - gleichermaßen zur Vertraulichkeit gegenüber dem Unternehmen verpflichtet sind. Entsprechende Verträge und Vertraulichkeitserklärungen stellen das sicher. Der Interim Manager und der Berater haben in diesem Fall den Vorteil, dass sie eine vergleichsweise breite Erfahrung mit ähnlichen Situationen aus unterschiedlichen Branchen und Firmen mitbringen und daher für neue Einsichten im Unternehmen sorgen.

Insofern muss das Konzept von Atkinson (1994), bei dem Kernaufgaben von der Kernbelegschaft und Randaufgaben von der Randbelegschaft zu erfüllen sind, differenziert gesehen werden. Das Konzept gilt sicher weiterhin, wenn es um wiederkehrende Themen geht, bei denen firmenspezifisches Wissen notwendig ist. Atkinson sagt aber auch, dass wichtige, nicht firmenspezifische Aufgaben von Experten und Spezialisten wahrgenommen werden können. Der Interim Manager, der nicht der Kernbelegschaft angehört, besitzt Know-how, das zunächst nicht firmenspezifisch ist, aber durch den Einsatz des Managers im Unternehmen firmenspezifisch wird. Daher ist Atkinsons Konzept um die Kategorie „temporäre Kernbelegschaft" zu erweitern. Sobald das Wissen und die Erfahrung des Interim Managers für ein Unternehmen in kritischer Situation von besonderer Bedeutung sind, wäre es falsch verstandenes Sicherheitsdenken, auf diese Expertise zu verzichten.

Bislang war nur von Unsicherheit aus Kunden- und Unternehmenssicht die Rede. Es gibt aber auch durchaus Unsicherheit auf Seiten der Interim Manager und der Dienstleister. So stehen Personalabteilungen Interim Managern selten positiv gegenüber, sondern treten aus arbeits-, tarif- und betriebsverfassungsrechtlichen Gründen oft als Anwalt der Festanstellung auf. Das heißt für Interim Manager wie Dienstleister, dass sie bei der Akquisition über den Vorstand, die Geschäftsführung und die Linienverantwortlichen gehen müssen.

Das Streben des selbständigen Interim Managers nach einer möglichst hohen Auslastung verlangt ständige Akquisitionsbemühungen, die während eines laufenden Mandats oft gar nicht möglich sind. Um sich den Kopf frei zu halten, oder weil sie sich gar nicht selbst um die Akquisition kümmern wollen, lassen sich viele Interim Manager gerne von Dienstleistern unterstützen. Diese eröffnen ihnen breitere Einsatzmöglichkeiten als allein die Kontakte aus ihrem eigenen Netzwerk.

Eine weitere Unsicherheit ergibt sich für den Interim Manager möglicherweise in der Akzeptanz durch die betroffene Belegschaft oder deren Interessenvertreter, die Betriebsräte und Gewerkschaften. Schließlich muss der Interim Manager, der neu in ein Unternehmen kommt, prüfen, inwieweit seine Aufgabe in der Schusslinie von Unternehmensleitung, Arbeitnehmervertretungen und einzelnen Abteilungen steht. Hier hilft nur die langjährige operative Führungserfahrung: Der Interim Manager muss das Gespräch mit den betroffenen Mitarbeitern suchen, ihr Wissen und ihre Erfahrung aktiv nutzen und seine eigenen Entscheidungen nachvollziehbar machen. Von Interim Managern, die naturgemäß häufiger in einer solchen Situation stehen als festangestellte Manager, wird von Anfang an mehr Erfahrung, Souveränität und Routine erwartet.

Die Diskussion zeigt, dass die Berührungsängste beider Seiten – der Unternehmer, die Interim Management einsetzen wollen, und der Manager, die neu in ein Unternehmen kommen – letztlich nur mit der Neuartigkeit der Situation zusammenhängen. Am besten lassen sich die Ängste durch beherztes Anwenden des Tools Interim Management abbauen.

Interimistischer Einkaufsleiter

▶ **Kunde:** Zarges Aluminium Systeme GmbH

▶ **Zeitraum:** August 2007 bis Dezember 2008

▶ **Einsatzort:** Weilheim/Oberbayern

▶ **Größe des Unternehmens:** weltweit 1.700 Mitarbeiter, 320 Mio. Euro Umsatz in 2008, zwölf Werke, Export in 60 Länder

Die Aufgabe

Die führenden Industrieländer, allen voran die USA, haben in ihren Klimaschutzprogrammen sehr ehrgeizige Ziele für den Ausbau der Energieerzeugung durch Windkraft vorgegeben. Die gesamte Zulieferkette profitiert vom globalen Windkraft-Boom bei gleichzeitig zunehmendem Kostendruck. Daher war es für den erfolgreichen Markteintritt der Zarges Aluminium Systeme GmbH zwingend notwendig, die Kosten anzupassen.

Unternehmensprofil

Die ZargesTubesca-Gruppe ist europäischer Marktführer für Access-Lösungen (Steigtechnik), das sind mobile Gerüste und Leitern. Zarges beschäftigt weltweit 1.700 Mitarbeiter. Die Sparte Zarges Aluminium Systeme (ZAS) hat sich strategisch völlig neu aufgestellt und auf die drei Wachstumsmärkte Airport-Technik (Wartungsbühnen), Windkraft (Inneneinrichtungen für Windkraftanlagen) und Industrieanwendungen (u.a. Container, Antennengehäuse) ausgerichtet. Innerhalb der Windkraftbranche betrat Zarges als Systemlieferant Neuland. Das Prinzip: Die Kunden erhalten weltweit komplette Turmeinbauten, die auf hohem technischem Niveau und gemäß den relevanten Sicherheitsvorschriften und Normen entwickelt werden. Zarges kümmert sich dabei um jeden einzelnen Schritt – von der Entwicklung über die Fertigung bis zum kompletten Einbau, einschließlich Schulung und Supervising.

Interview mit Bernd Göpfert
Geschäftsführer der Zarges Aluminium Systeme GmbH

Herr Göpfert, aus welchem Anlass holten Sie einen Interim Manager an Bord?

Nachdem wir die Zarges Aluminium Systeme (ZAS) als Systemanbieter in der Windkraftbranche positioniert hatten, gelang uns der erfolgreiche Markteintritt schneller als erwartet. Dabei half uns neben dem guten Ruf des Traditionshauses, der ZargesTubesca-Gruppe, eine gezielte Preispolitik. Im zweiten Schritt galt es nun, die Herstellungskosten unserer Produkte den neuen Märkten anzupassen und die Kosten auf der Seite der Materialbeschaffung deutlich zu reduzieren. Wir mussten schnellstmöglich eine kostengünstige Beschaffung, Fertigung sowie ein ausgeklügeltes Logistikkonzept aufstellen – natürlich unter Einhaltung der hohen Qualitätsstandards von Zarges. Uns war schnell klar, dass wir diesen Kraftakt nicht mit unseren eigenen Ressourcen stemmen können.

Dabei spielte die Schnelligkeit und Umsetzungsstärke des Interim Managers eine zentrale Rolle?

Ja, denn unser Marktsegment war noch nicht stabil, und wir wollten gerade in der Aufbauphase einen zupackenden Praktiker ins Unternehmen holen, der die Kosten gezielt auf den Prüfstand stellt und aufgrund seiner Erfahrungswerte sehr schnell Lösungen aufzeigt. Sie müssen berücksichtigen, dass der Materialanteil an unseren Produkten sehr hoch ist, und so waren rasche Erfolge extrem wichtig, um nachhaltig in die Gewinnzone zu kommen.

Welche wesentlichen Aufgaben warteten auf den Interim Manager?

Mittel- bis langfristig die Wettbewerbsfähigkeit von ZAS nachhaltig zu steigern. Kurzfristig galt es, die Produktionskosten im zweistelligen Prozentbereich zu senken, die Materialwirtschaft zu optimieren und den Materialkostenbezug um zehn Prozent zu reduzieren. Dabei musste jederzeit sichergestellt sein, dass in dieser Sparte der Übergang vom Projektgeschäft, gekennzeichnet durch Einzelfertigung, zum Seriengeschäft bewältigt wird.

Welche Anforderungen stellten Sie dabei an den Interim Manager?

Mir war klar, dass mit stark steigendem Einkaufsvolumen auch sämtliche Einkaufsprozesse auf den Prüfstand kamen. Wir haben also einen Einkaufsmanager mit langjähriger Erfahrung in internationalen Einkaufsprojekten gesucht – idealerweise aus der Automobilindustrie, da es dort schon seit Langem das Konzept des Systemlieferanten gibt, das ein wichtiger Aspekt bei der Markterschließung ist. Der Manager sollte das komplette Lieferantenmanagement von der Bedarfsermittlung über die Lieferantenauswahl bis hin zum Vertragsmanagement, einschließlich Qualitäts- und Logistikvereinbarungen, abdecken. Zusätzlich sollte er helfen, in enger Abstimmung mit unseren Entwicklungsingenieuren, unserer Werksleitung und unseren Lieferanten die Produkte trotz Kostensenkung zu verbessern.

Was haben Sie an der Arbeit des Interim Managers besonders geschätzt?

Seine Herangehensweise hat mir sehr gut gefallen, nämlich immer die passende Lösung für unsere Kunden zu suchen – und auch zu finden. Um dies zu erreichen, hat er treffsicher die besten Lieferanten ausfindig gemacht, die innovationsstark und in der Lage sind, ZAS die beste Qualität zu einem günstigen Preis zu liefern.

Wie gestaltete sich die interne Zusammenarbeit?

Innerhalb kürzester Zeit gelang es dem Interim Manager, ein sehr gutes und kreatives Team aufzustellen. Unser interimistischer Einkaufsleiter erkannte sofort, dass wir neue und innovative Verfahren benötigten, um nachhaltig in die Gewinnzone zu kommen. Es war beeindruckend zu sehen, wie unter hohem Zeitdruck neue technische Lösungen gefunden, bewertet und umgesetzt wurden. In den Köpfen unserer Entwickler steckten viele Ideen für kostengünstigere Ansätze, die er mit einem guten Gespür schnell erkannte und im Team, das aus der eigenen Mannschaft, externen Lieferanten und Logistikpartnern bestand, diskutierte. Auf diese Weise sind aus den Ideen handfeste Konzepte geworden. Die Teamarbeit und die konsequente Umsetzung waren der Schlüssel zum Projekterfolg.

Wie genau ist der Interim Manager vorgegangen, um Kostenersparnisse zu erzielen?

70 bis 80 Prozent der Herstellungs- und Qualitätskosten werden bereits bei der Produktentwicklung mehr oder weniger unwiderruflich fixiert und sind später nur mit erheblichem Aufwand zu korrigieren. Hier setzte der Interim Manager an: Zunächst einmal hat er sich einen Überblick über die kompletten Produktkalkulationen verschafft und Optimierungsvorschläge im Kollegenkreis diskutiert. Das war die Grundlage für die ersten Gespräche mit Lieferanten, wobei er unaufhörlich immer wieder zwei Fragen in den Raum stellte: „Was können wir gemeinsam tun, um die Komponente XY zu verbessern und preiswerter zu machen?" und „Wo können wir Schnittstellen verschieben, entweder insourcen oder outsourcen, um zusätzlich Kosten einzusparen?"

Gab es weitere Stellschrauben?

Ja, der Interim Manager hatte keine Scheu davor, den für Deutschland typischen dreistufigen Vertriebsweg, also über Großhändler oder Elektrohändler, durch eine Direktansprache der Hersteller neu zu gestalten. Die Elektrohändler, also unsere Logistikpartner, und die Hersteller sind zu Workshops eingeladen worden, um innovative Ansätze zu Produkten und Verfahren zu besprechen. Den Verhandlungen ging immer eine gründliche Benchmark-Analyse voraus, wobei sich das Target Costing des Interim Managers sehr gut bewährt hat. Die neuen Berechnungsgrundlagen, die immer wieder durch Plausibilitätsprüfungen gingen, sind sozusagen als Beifang in die Business-Pläne 2009 eingeflossen.

Was war der größte Erfolg des Interim Managers?

Dass sich die Vorhaben schnell in den Produktkalkulationen und im operativen Ergebnis niederschlugen, hat mich als Geschäftsführer natürlich besonders gefreut. Die Eigendynamik, die das Team entwickelte, war für mich faszinierend, aber auch notwendig, zumal sich der Umsatz innerhalb eines Jahres mehr als verdreifachte. Dank der Arbeitsweise des Interim Managers treffen wir heute viel bewusster als früher fundierte Make-or-buy-Entscheidungen und beziehen die Lieferanten früher in unsere Entwicklung ein.

Würden Sie Interim Management auch anderen Unternehmen empfehlen?

Unsere erstmalige Entscheidung für einen Interim Manager erwies sich als richtig. Wir haben sehr gute Erfahrungen gemacht und können uns auch in Zukunft für vergleichbare Management-Aufgaben eine weitere Zusammenarbeit vorstellen.

« Konzept

Rüdiger Kabst / Wolfgang Thost / Rodrigo Isidor

Interim Management und kritisches Firmen-Know-how: Passt das?

Befürchtungen der Geschäftsführung, dass ein Interim Manager Betriebsinterna oder sensible Unternehmensdaten ausplaudert, sind meist unbegründet. Zwar besteht prinzipiell die Gefahr der ungewollten Wissensdiffusion, sobald externe Arbeitskräfte in einer Organisation zum Einsatz kommen, jedoch ist die Gefahr bei einem Interim Manager nicht größer als bei einem Strategieberater oder beim Wechsel von festangestellten Managern zur Konkurrenz. Zudem werden Interim Manager gerade dann ins Unternehmen geholt, wenn das interne Wissen nicht ausreicht und externes Know-how erforderlich ist. Damit besteht in Interim-Management-Mandaten eher eine Wissensasymmetrie zugunsten des Unternehmens.

Selbst wenn die Gefahr des Wissensabflusses gegeben ist, existieren Mechanismen, die Unternehmen diesbezüglich schützen. Der Aufbau von Vertrauen ist beispielsweise ein solcher Mechanismus. Er wirkt als ein informeller Kontrollmechanismus, der den Interim Manager daran hindert, unternehmensspezifisches Wissen an Dritte weiterzugeben.

Generell unterscheidet man zwischen prozessbasiertem, eigenschaftsbasiertem und institutionenbasiertem Vertrauen. Quellen für prozessbasiertes Vertrauen sind eigene Erfahrungen sowie die von Dritten. Die Kompetenz eines Interim Managers und eine stimmige Chemie zwischen ihm und dem Auftragsunternehmen fördern das eigenschaftsbasierte Vertrauen. Rechtliche Sanktionsmechanismen, eine Verbandsmitgliedschaft in der DDIM und die Furcht vor Reputationsverlust sind Quellen des institutionenbasierten Vertrauens.

Bei Unternehmen, die Interim Management aktiv einsetzen, ist die Furcht vor Knowhow-Verlust gering. Ganz im Gegenteil: Sie schätzen das externe Wissen, das der Interim Manager mitbringt. Im Fall CeramTec AG holte sich das medizintechnische Unternehmen ganz bewusst einen interimistischen Qualitätsmanager aus der Automobilzuliefererbranche, um seine Geschäftsprozesse innovativ zu optimieren.

Während eines Mandats kommen Interim Manager mit sensiblen Unternehmensdaten in Berührung. Diese Tatsache weckt in vielen Führungsgremien die Angst, dass der Interim Manager dieses Geheimwissen in seinem nächsten Mandat bei der Konkurrenz ausplaudert. Diese Befürchtung ist grundsätzlich nachvollziehbar, wenn man bedenkt, dass der dauerhafte Bestand von Wettbewerbsvorteilen wesentlich auf unternehmens-spezifischem Know-how gründet. Das Risiko der ungewollten Wissensdiffusion ist jedoch bei jeder Beendigung eines Vertragsverhältnisses gegeben, unabhängig davon, ob es sich um einen Interim Manager, einen Strategieberater oder um eine festange-stellte Führungskraft handelt.

Zur Beruhigung aller Skeptiker gibt es Sicherungsinstrumente, die Unternehmen vor ungewollter Wissensdiffusion schützen. Sie sind weniger formaler Natur – da sie zu-meist schwierig durchsetzbar sind – sondern mehr informell und zielen auf eine ver-trauensvolle Beziehung. Vertrauen ist hierbei kein blindes Geschenk, sondern basiert auf konkreten Erfahrungen, gegenseitigen Abhängigkeiten oder Reputationsgewinn.

Know-how-Abfluss durch Interim Manager – eine berechtigte Befürchtung?

Gemäß dem ressourcenbasierten Ansatz (Barney 1991) gründet der Wettbewerbs-vorteil eines Unternehmens auf dessen Fähigkeit, unternehmensspezifische, schwer kopierbare Ressourcen zu akkumulieren, gewinnbringend einzusetzen und vor Dif-fusionsprozessen zu schützen. Damit eine Ressource eine Quelle dauerhafter Wettbe-werbsvorteile ist, muss sie für das Unternehmen strategisch wertvoll, selten, möglichst immobil, nicht substituierbar sowie schwer oder gar nicht imitierbar sein. Das spezifi-sche Know-how eines Unternehmens erfüllt diese Kriterien in der Regel. Es ist daher verständlich, dass Unternehmen versuchen, die Durchlässigkeit ihrer Organisation zu minimieren, um ihr Wissen vor ungewollter Diffusion zu schützen. Besondere Relevanz würde dieser Tatsache zukommen, wenn dieses Phänomen beim Interim Management besonders ausgeprägt wäre.

Interim Manager werden vor allem dann ins Unternehmen geholt werden, wenn kurz-fristig eine Vakanz zu besetzen ist und das erforderliche Know-how intern nicht vor-rätig ist. Sei es bei der Einführung einer neuen IT, der Umstellung auf Großserienpro-duktion oder der Nutzung einer neuen Technologie. In diesen Fällen wird gezielt nach einem Manager auf Zeit gesucht, der externes Wissen einbringt, dieses institutionell im Unternehmen verankert, um dann nach einigen Monaten das Unternehmen wieder zu verlassen. Die Befürchtung, dass es bei einem Einsatz eines Interim Managers zu einem für das Unternehmen nachteiligen Wissenstransfer kommt, erscheint daher unberechtigt, ist doch das Bedürfnis nach externem Wissen einer der Hauptgründe für seinen Einsatz. Demzufolge herrscht eher eine Wissensasymmetrie zugunsten des Unternehmens.

Nur die Verknüpfung einzelner Wissenskomponenten schafft Wettbewerbsvorteile

Abgesehen davon sammelt der Interim Manager – wie in der Fallstudie dieses Kapitels – bei jedem Einsatz Know-how, Erfahrungen und Methoden, die er bei künftigen Mandaten einsetzen kann, ohne dass er dafür sensible Daten oder unternehmensspezifisches Wissen veruntreuen müsste.

> *» Der Interim Manager verbindet sein Know-how mit dem im Unternehmen vorhandenen und schafft damit einen Mehrwert. «*
>
> **Christoph Burk**, Interim Manager

Zudem ist die Frage, was ein einzelner Interim Manager tatsächlich an Know-how aus dem Unternehmen mitnehmen kann und ob dieses wirklich so einfach in anderen Unternehmen einsetzbar ist. Der ressourcenbasierte Ansatz stellt in diesem Zusammenhang klar, dass nicht eine einzelne Wissenskomponente die Wettbewerbsvorteile ermöglicht, sondern die unternehmensspezifische Verknüpfung von unterschiedlichem Wissen, die obendrein schwer imitierbar ist. Dieser Argumentation folgend ist die Gefahr, durch den Einsatz eines Interim Managers Wettbewerbsvorteile durch Know-how-Abfluss zu gefährden, eher gering.

> *» Was kann der einzelne Interim Manager denn schon mitnehmen? Wenn Sie eine wirkliche Innovation haben, dann ist die meistens mit so viel Aufwand konzipiert, dass eine Einzelperson sie gar nicht mitnehmen kann. «*
>
> **Matthias Ginthum**, Leiter Produktbereich Wäschepflege der BSH GmbH

Die nachfolgende Abbildung gibt einen Überblick über die Know-how-Bestandteile, die grundsätzlich von einer Diffusion bedroht sind:

Nur die Verknüpfung einzelner Wissenskomponenten schafft Wettbewerbsvorteile

Know-how-Bezug	Technik	Personen	Struktur	Markt
Beispiele	Copyrights Lizenzen Software Schlüssel-technologien	Teamarbeit Denk- und Handlungsmuster Nicht verbalisier-bares Experten- und Erfahrungs-wissen	Verfahrensweisen Produktions-prozesse Handlungsabläufe Routinen Strategien	Verbalisiertes Know-how Verbraucher-präferenzen Kundenstrukturen

Quelle: In Anlehnung an Knaese (2004: 34)

Abb. 8: Know-how-Bestandteile

Zudem ist eine Konzentration auf den Schutz des Know-hows nicht zielführend. Der Fokus sollte vielmehr auf der Innovationsfähigkeit des eigenen Unternehmens – sprich der Innovationsgeschwindigkeit – liegen. Das entwendbare Wissen besitzt nur eine begrenzte Halbwertszeit. Bevor es in einem anderen Unternehmen implementiert ist, sollte das Ursprungsunternehmen bereits in der nächsten Phase der Innovation sein.

» *Ich sehe das sehr gelassen, weil sehr viel Know-how im Unternehmen nur sechs, vielleicht zwölf Monate Gültigkeit besitzt.* «

Hai Cheng, Vorstandsmitglied der Versatel AG

Die Problematik der Know-how-Diffusion wird weiter relativiert, vergleicht man das Risiko bei einem Interim-Management-Mandat mit dem bei einem Wechsel eines festangestellten Managers.

» Ich kann natürlich nicht überprüfen, ob ein Interim Manager das spezifische Wissen, das er bei uns mitgenommen hat, beim Konkurrenten ablädt. Aber das Problem hab ich bei jedem Wechsel, bei dem ein Mitarbeiter kündigt und zur Konkurrenz geht. Er hat zwar in seinem Vertrag unterschrieben, dass er Dinge vertraulich behandelt, aber beweisen Sie mal das Gegenteil. «

Günter Bittelmeyer, ehemaliger Personaldirektor Tognum AG

Ein Arbeitgeber kann einem Mitarbeiter nicht vorschreiben, wo er nach Beendigung seiner Tätigkeit arbeiten darf und wo nicht. Daher kann der Mitarbeiter nach einer Kündigungsfrist von drei oder sechs Monaten ohne Weiteres zur Konkurrenz wechseln. Der ungewollte Know-how-Abfluss ist somit ein Risiko, das mit jedem scheidenden Angestellten, unabhängig von der Vertragsdauer, einhergeht. Ein Interim Manager gefährdet das unternehmensspezifische Wissen also nicht mehr als ein festangestellter Manager, der das Unternehmen verlässt.

Vertrauen als informeller Kontrollmechanismus

Der Aufbau von Vertrauen ist abhängig von der gegenseitigen Öffnung von Vertrauensgeber und Vertrauensnehmer. Dabei macht der Vertrauensgeber den ersten Schritt und gewährt einen Vertrauensvorschuss. Das geschieht jedoch nur dann, wenn die subjektiv erwarteten Vorteile größer sind als die möglichen Nachteile bei einem Vertrauensbruchs. So betrachtet beruht Vertrauen auf einem Nutzenkalkül, nämlich dem vorweggenommenen Verhältnis zwischen positiven und negativen Folgen.

Generell lässt sich Vertrauen in prozessbasiertes, eigenschaftsbasiertes und institutionenbasiertes Vertrauen differenzieren. Diese drei Formen beeinflussen sich gegenseitig. So wird institutionenbasiertes Vertrauen beispielsweise durch prozessbasiertes Vertrauen verstärkt und umgekehrt. Die gleiche Wechselwirkung zeigen prozessbasiertes Vertrauen und eigenschaftsbasiertes Vertrauen.

Prozessbasiertes Vertrauen beruht auf konkreten Erfahrungen mit einem bestimmten Partner. Hierbei werden Erfahrungen aus der Vergangenheit auf die Zukunft extrapoliert, sofern die gegenwärtige Situation einen Vergleich erlaubt und ein vertrauenswürdiges Verhalten rechtfertigt. Das prozessbezogene Vertrauen zwischen einem Interim Manager und seinem Auftragsunternehmen entwickelt sich erst im Laufe des Mandats.

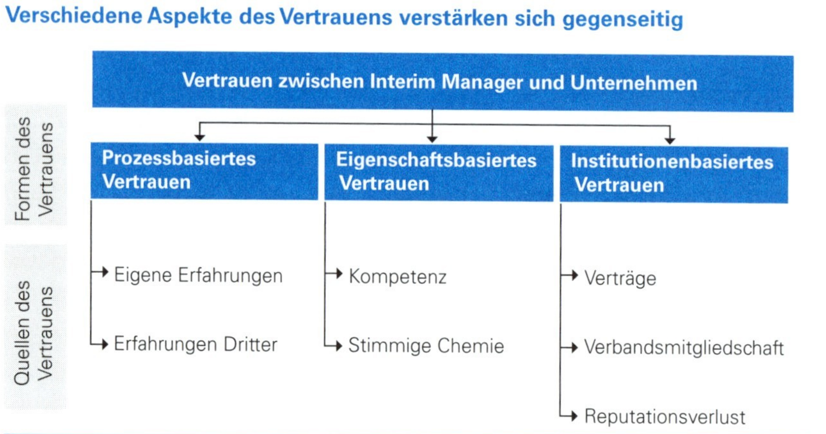

Verschiedene Aspekte des Vertrauens verstärken sich gegenseitig

Vertrauen zwischen Interim Manager und Unternehmen		
Prozessbasiertes Vertrauen	**Eigenschaftsbasiertes Vertrauen**	**Institutionenbasiertes Vertrauen**
→ Eigene Erfahrungen	→ Kompetenz	→ Verträge
→ Erfahrungen Dritter	→ Stimmige Chemie	→ Verbandsmitgliedschaft
		→ Reputationsverlust

Formen des Vertrauens

Quellen des Vertrauens

Quelle: Eigene Darstellung erweitert nach Zucker (1986: 60ff.)

Abb. 9: Formen und Quellen des Vertrauens

Ein Unternehmen muss jedoch nicht zwingend eigene Erfahrungen mit dem Interim Manager gemacht haben, um Vertrauen aufzubauen. Auch die Erfahrungen eines Dienstleisters mit einem bestimmten Interim Manager fungieren als Quelle für prozessbasiertes Vertrauen. Hat ein Dienstleister bereits positive Erfahrungen mit einem Interim Manager oder ein Unternehmen mit einem Anbieter gemacht, strahlt dieses Vertrauen auf andere Interim Manager bzw. Mandate des Dienstleisters ab.

Eigenschaftsbasiertes Vertrauen resultiert aus der Kompetenz des Interim Managers, die sich häufig in seiner Reputation widerspiegelt. Wenn der Interim Manager bereits Erfahrungen in vergleichbaren Situationen und in der entsprechenden Branche gesammelt hat, kann das Vertrauen in ihn sogar höher sein als in das unternehmenseigene Management. Hier greift die Strategie der Dienstleister, möglichst überqualifizierte Interim Manager einzusetzen.

Ebenso wichtig ist es, dass die Chemie zwischen dem Interim Manager und dem Auftragsunternehmen stimmt. Sie resultiert aus gemeinsamen Werten, harmonierenden Persönlichkeiten und gegenseitiger Sympathie. Speziell die Chemie besitzt insbesondere zu Beginn eines Mandats einen hohen Stellenwert, da sie eine Zusammenarbeit erst zustande kommen lässt.

» Ich hatte einmal einen exzellenten Mann, Vice President eines IT-Unternehmens. Aber die Chemie stimmte nicht, deshalb konnten wir ihn nicht nehmen. Also wenn man jemanden holt, der überhaupt nicht zum Team passt, kann man das vergessen. «

Hai Cheng, Vorstandsmitglied der Versatel AG

Institutionenbasiertes Vertrauen ist eine unpersönliche Form des Vertrauens. Es stützt sich auf Regeln und formale Mechanismen. Zu seinen Quellen zählen rechtliche Sicherungsmechanismen, Mitgliedschaften in Verbänden und die Furcht des Interim Managers vor Reputationsverlust. Auch die Mitgliedschaft im Manager-Netzwerk eines etablierten Dienstleisters stellt ein solches Vertrauen dar. Es ist in der Regel durch Rahmenverträge formalisiert.

Rechtliche Sicherungsmechanismen wie Verschwiegenheitserklärungen und Konkurrenzausschlussvereinbarungen hindern den Interim Manager daran, das kundenspezifische Wissen missbräuchlich einzusetzen. Eine Verschwiegenheitserklärung verpflichtet den Interim Manager für einen festgelegten Zeitraum nach Ende seines Mandats, über alle Kenntnisse, die er durch sein Mandat erlangt hat, zu schweigen und sein Wissen nicht an Dritte weiterzugeben. Eine Konkurrenzausschlussvereinbarung untersagt dem Interim Manager, unmittelbar nach Projektende ein Mandat bei einem direkten Konkurrenten bzw. in der gleichen Branche anzunehmen. Kommt es im Verlauf des Mandats oder später zu einem Vertrauensbruch, kann das Auftragsunternehmen seine Rechte einklagen.

» Die Gefahr des Know-how-Verlusts ist eine Angst, die man immer im Hinterkopf hat. Wir treffen daher entsprechende Vereinbarungen, auf die wir uns verlassen können. So schließen wir aus, dass der Interim Manager innerhalb einer angemessenen Zeit bei der Konkurrenz auftaucht. «

Klaus Sokollik, Zentralbereichsleiter Personal, Service und Organisation Deutscher Sparkassen Verlag GmbH

Die Mitgliedschaft in der DDIM kann ebenfalls als Quelle für institutionenbasiertes Vertrauen dienen. Da die DDIM bestimmte fachliche und persönliche Anforderungen an die Mitglieder stellt, signalisiert der Interim Manager durch das Erfüllen dieser Anforderungen seine Kompetenz und Vertrauenswürdigkeit.

Neben den rechtlichen Sanktionsmechanismen und der Mitgliedschaft in der DDIM ist die Furcht vor einem drohenden Reputationsverlusts ein weiterer nicht zu unterschätzender Schutz vor unkontrollierter Wissensdiffusion. Durch die missbräuchliche Verwendung kundenspezifischer Informationen setzt der Interim Manager seinen guten Ruf aufs Spiel. Er gefährdet damit nicht nur die Akquise weiterer Mandate, sondern seine gesamte Existenz. Kam das Mandat über einen Interim-Management-Dienstleister zustande, so droht auch diesem die nachhaltige Schädigung seiner Geschäftstätigkeit. Einem Interim-Management-Dienstleister muss folglich daran gelegen sein, bereits im Vorfeld die missbräuchliche Nutzung von Kundeninformationen zu verhindern. Für den Interim Manager ist es Ehrensache und Zeichen von Seriosität, keine unternehmensspezifischen Informationen weiterzugeben. Schließlich wissen sie, dass sie keine Aufträge mehr erhalten, wenn sie ihren ehemaligen Auftraggeber durch die Weitergabe von Interna schädigen.

» *Stellen Sie sich vor, da käme jetzt einer, der vorher beim Konkurrenten war, und mir jetzt dessen Interna ausplaudert. Das ist zwar interessant, aber ich muss davon ausgehen, dass er meine Interna ebenfalls weiterverbreitet. Dem erzähl' ich nix mehr von mir.* «

Günter Bittelmeyer, ehemaliger Personaldirektor Tognum AG

«« Kommentar

Jörg Detlef von Boddien

Perspektive des Interim-Management-Dienstleisters

Das Humankapital wird in vielen Unternehmen trotz aller Lippenbekenntnisse nach wie vor sehr viel geringer bewertet als der in Zahlen messbare Erfolg. Die Gier nach vierteljährlichen Jubelmeldungen hat auch bei deutschen Aktiengesellschaften den Druck auf leitende Angestellte erhöht, kurzfristige Erfolge vorzuweisen. Diese innerbetriebliche Erwartungshaltung hat ähnlich wie im angelsächsischen Raum zu einer erhöhten Fluktuation von leitenden Angestellten und Spezialisten geführt. Der enorme Anstieg von Unternehmensverkäufen in den letzten zehn Jahren etablierte die Gepflogenheit der Investoren, komplette Managementteams auszuwechseln.

Damit einher geht in einem bisher nicht gekannten Maße eine ungewollte Wissensdiffusion. Nur in seltenen Fällen wird eine im Vertrag festgeschriebene Wettbewerbsklausel wirksam, die Know-how-Träger ein bis zwei Jahre bei voller Bezahlung des Gehalts daran hindert, zur Konkurrenz zu gehen.

Durch den Einsatz von Unternehmensberatern findet ebenfalls eine Wissensdiffusion statt. Manche junge Berater betrachten ihr erstes berufliches Engagement als Sprungbrett und streben mittelfristig eine Position in der Industrie an. Zudem ist die Betreuung von Wettbewerbern nicht immer verboten. Diese Wissensdiffusion wird von den Unternehmen hingenommen, da sie inzwischen zum Wirtschaftskreislauf gehört.

Wissensdiffusion durch den Einsatz von Interim Management

Mehr als die Hälfte aller bis heute eingesetzten Interim Manager werden direkt von den Unternehmen beauftragt und nicht über einen Dienstleister eingesetzt. Das sind geschätzte 6.000 bis 10.000 Einzelkämpfer, die alle für sich akquirieren. Obwohl die meisten Unternehmen sich Verschwiegenheits- und Wettbewerbsklauseln unterschreiben lassen, läuft eine Wissensdiffusion genauso ab wie beim Wechsel eines leitenden Angestellten oder Spezialisten zur Konkurrenz.

Ganz anders sieht es dagegen beim Einsatz von Interim Managern durch Dienstleister aus, die nicht nur als reine Vermittler agieren, sondern als Vertragspartner des Kunden den Projektfortgang und -erfolg unmittelbar als Sparringspartner der eingesetzten Interim Manager begleiten und steuern.

Wie kann ein Dienstleister sicherstellen, dass firmenspezifisches Know-how seiner Auftraggeber nicht nach außen abfließt?

Ein Interim-Management-Dienstleister kann eine Wissensdiffusion durch die von ihm eingesetzten Interim Manager zu einem hohen Prozentsatz verhindern. Dies geschieht beispielsweise durch institutionenbasiertes Vertrauen:

Jeder sorgfältig ausgewählte Interim Manager muss einen Rahmenvertrag unterschreiben, bevor er in die Datenbank des Dienstleisters aufgenommen wird. Diesem Rahmenvertrag liegt als Anlage ein Vertrag über eine Verschwiegenheits-, Urheberrechts-, Wettbewerbs- und sonstige Schutzvereinbarung bei, dessen strenge Formulierungen den in der Industrie üblichen entsprechen.

1. Nach einer Kündigung oder nach dem Ende eines Projekts kehren Angestellte, Unternehmensberater oder direkt beauftragte Interim Manager in der Regel nicht in das Unternehmen zurück. Dagegen hat ein Interim Manager, der von einem Dienstleister eingesetzt wird, großes Interesse daran, in einem neuen Projekt eingesetzt zu werden. Er verlässt also den Interim-Management-Dienstleister nicht, sondern tut alles, um die vertraglichen Vereinbarungen mit dem Dienstleister einzuhalten. Für ihn ist daher eine langfristige, vertrauensvolle Beziehung zu seinem Interim-Management-Dienstleister wichtiger als die kurzfristige Vorteilnahme, Geheimnisse eines Wettbewerbers auszuplaudern.

2. Durch die enge Kommunikation, die der Interim-Management-Dienstleister bei der Steuerung des Projektes im Dreieck mit der Unternehmensleitung und dem Interim Manager pflegt, ist letzterem ständig bewusst, dass jeder Verstoß gegen vertragliche Vereinbarungen sowohl dem Kunden als auch dem Dienstleister sehr schnell bekannt wird.

Noch entscheidender für ein funktionierendes Vertrauensverhältnis zwischen Auftraggeber, Dienstleister und Interim Manager ist das prozessbasierte Vertrauen. Es nutzt einem Dienstleister wenig, wenn er in seiner Datei die Lebensläufe von Interim Managern sammelt, und diese bei einer Kundenanfrage entweder nach eigener Selektion weiterleitet oder dem Kunden als anonymisierte Datei zur Auswahl geeigneter Kandidaten überlässt. Hier beschränkt sich prozessbasiertes Vertrauen für den Kunden ausschließlich auf die Attraktivität einer möglichst gut geführten und aussagekräftigen Datenbank des Dienstleisters, der sich auf die Tätigkeit des reinen Datenvermittlers beschränkt und eine Wissensdiffusion durch seine Interim Manager weder verhindern noch kontrollieren kann.

Atreus Interim Management versucht beispielsweise, prozessbasiertes Vertrauen durch eine umfassende Betreuung beider Parteien – sowohl des Kunden als auch des Interim Managers - zu erlangen. Soll das Wissenskapital von mehreren Tausend Interim Managern richtig kanalisiert werden, ist hierfür nicht nur die richtige Software, sondern auch die Persönlichkeit und das Know-how der Interim Manager notwendig.

Erkennt der Kunde an der Qualität der Dossiers, dass der Dienstleister einen umfassenden Analyseprozess zur Erfüllung seines Anforderungsprofils geleistet hat, ist damit der Grundstein für das Vertrauen in die Kompetenz des Dienstleisters gelegt. Dieses Vertrauen wächst weiter, wenn sich der Interim-Management-Dienstleister mit einem persönlichen Besuch beim Kunden einen Eindruck vom Unternehmen und den Führungspersonen verschafft. Bestätigt sich bei der Präsentation von geeigneten Interim Managern die Annahme des Kunden, dass die Kandidaten den Erwartungen entsprechen, verfestigt sich sein Vertrauen zum Dienstleister, zumal wenn die Auswahl der Kandidaten sehr kurzfristig erfolgte.

Wenn der Dienstleister während des Mandats eine intensive Kommunikation mit dem Interim Manager und dem Kunden pflegt und damit dem Kunden aufzeigt, dass er das Projekt verantwortlich mitsteuert, verstärkt sich die prozessbasierte Vertrauensbindung des Kunden zum Dienstleister. Nimmt der Interim-Management-Dienstleister nach erfolgreichem Projektabschluss noch eine Kundenzufriedenheitsanalyse vor, rundet sich das Vertrauensbild ab und die Chance ist groß, dass der Kunde wieder auf diesen Dienstleister zukommt.

Der Interim Manager ist in diesen vertrauensbildenden Prozess vom Angebot bis zum Projektende auf Augenhöhe mit dem Dienstleister und dem Kunden ständig einbezogen. Erweist sich der Dienstleister während des Projektes zudem als ein verlässlicher Sparringspartner, verstärkt diese Betreuung beim Interim Manager sein Vertrauen und seinen Wunsch, mit diesem Dienstleister auch in Zukunft zusammenarbeiten zu wollen. Damit schafft sich ein Interim-Management-Dienstleister ein sich ständig erweiterndes Netzwerk mit erfolgreichen, durch den Einsatz in eigenen Projekten bewährten Stamm von Interim Managern. Die nachhaltige Kundenorientierung wiederum stärkt die Vertrauensbasis zwischen dem Interim-Management-Dienstleister und dem Kunden und führt zu einer stetig steigenden Anzahl von Stammkunden.

Fall »»»

Interimistischer Leiter Qualitätsmanagement

- ▸ **Kunde:** CeramTec AG
- ▸ **Branche:** Medizintechnik
- ▸ **Zeitraum:** Juli 2009 bis Oktober 2009
- ▸ **Einsatzort:** Plochingen bei Stuttgart, Marktredwitz in Bayern
- ▸ **Größe des Unternehmens:** 3.000 Mitarbeiter, 340 Mio. Euro Umsatz in 2008, davon 100 Mio. Euro im Geschäftsbereich Medizintechnik

Die Aufgabe

Innerhalb weniger Jahre hat sich der weltweite Umsatz der CeramTec AG im Geschäftsbereich Medizintechnik verdreifacht und die Zahl der Mitarbeiter beinahe verdoppelt. In Erwartung eines weiter steigenden Bedarfs an Keramikimplantaten wird an einem zweiten CeramTec-Standort in Marktredwitz bei Hof eine zweite Medizintechnik-Produktionsstätte mit einem Investitionsvolumen von 45 Mio. Euro errichtet. Dies lässt eine Verdopplung der Fertigungskapazität in den nächsten Jahren zu. In dieser Phase scheidet der Stelleninhaber Leiter Qualitätsmanagement kurzfristig aus. Die Position muss sehr schnell mit einem Interim Manager neu besetzt werden.

Unternehmensprofil

Die CeramTec AG ist als international führender Hersteller von technischer Keramik auf die Entwicklung, Fertigung und den Vertrieb von innovativen Produkten aus keramischen Werkstoffen spezialisiert. Das Unternehmen ist mit über 3.000 Mitarbeitern und Produktionsstätten und Tochtergesellschaften in Europa, Amerika und Asien weltweit präsent und auf den Märkten der Elektronikindustrie, der Telekommunikation, der Automobilindustrie, der Medizintechnik, des Maschinen- und Anlagenbaus, der Metallbearbeitung sowie der Chemieindustrie vertreten. Der Geschäftsbereich Medizintechnik der CeramTec AG produziert seit über 30 Jahren Keramik für Hüftgelenke. Der Bereich soll innovativ und kosteneffizient neu ausgerichtet werden, um das Qualitätsmanagement den wachsenden Anforderungen auf den Weltmärkten anzupassen.

Interview mit Karl Billau
Managing Director CeramTec AG

Herr Billau, als Weltmarktführer im Bereich der Biokeramik stellte CeramTec besondere Anforderungen an den neuen Leiter Qualitätsmanagement. Was waren die wesentlichen Vorgaben?

Zunächst einmal ergab sich die Notwendigkeit, die Position sehr schnell zu besetzen, da der vorhergehende Stelleninhaber kurzfristig ausgeschieden war. An diesem Punkt war es uns besonders wichtig, einen externen Manager an Bord zu holen, um den Unternehmensbereich weiterzuentwickeln. Die Erfahrung war von entscheidender Bedeutung. Mit den vielen gesetzlichen Vorgaben im Bereich der Medizintechnik ist unser Qualitätsmanagement in der Vergangenheit zu bürokratisch geleitet worden. Um unserer Stellung als Marktführer gerecht zu werden, galt es, den Unternehmensbereich auf den Prüfstand zu stellen und zu optimieren.

Atreus präsentierte Ihnen innerhalb weniger Tage einen Manager, der nicht aus der Medizintechnik, sondern aus der Automobilzuliefererbranche kam.

Ja, wir konnten mit seiner Hilfe das Wissen aus dieser hoch kompetitiven Branche für unsere Produktion und internationale Distribution sehr erfolgreich umsetzen. Der Erfahrungstransfer aus der Automobilzuliefererbranche für unseren Geschäftsbereich Medizintechnik war ein großer Erfolg. Natürlich haben wir den „Branchentransfer" sehr gut überdacht. Wir haben erkannt, dass wir in dieser Funktion Prozesse innovativ steuern müssen. Das Fachwissen ist bereits im Haus, und so hat der Interim Manager von Anfang an sehr eng mit dem Führungsteam in der Medizintechnik zusammengearbeitet. Unser Interim Manager hat sich sehr gut und sehr schnell in unsere Produkte und Prozesse hineindenken können.

Können Sie uns Beispiele nennen, die den Wissenstransfer von der Automobilzuliefererbranche in die Sparte Medizintechnik verdeutlichen?

In dem hoch automatisierten Medizintechnikbereich sind viele Prozesse vergleichbar, beispielsweise die mechanische Verarbeitung von Bauteilen. Aber auch Logistikkonzepte, Prüfstrategien oder statistische Methoden im Qualitätsmanagement können übertragen werden.

Wie viel Zeit hatte der Manager, um sich in seine neue Aufgabe einzuarbeiten?

Der Interim Manager sollte den Bereich innerhalb von zwei Wochen vollverantwortlich übernehmen, was ihm auch gelang.

Welche Zielvorgaben hatte der interimistische Leiter Qualitätsmanagement?

Innerhalb von nur vier Wochen erarbeitete er eine Schwachstellenanalyse, die dem Vorstand zusammen mit der neuen Strategie präsentiert wurde. Der Fokus lag auf einer deutlichen Reduzierung der Kosten sowie der Neustrukturierung des Bereichs Qualitätsmanagement. Ein wesentlicher Meilenstein war, dass der Manager das Audit zur Re-Zertifizierung des Qualitätsmanagementsystems bestand. Dies ist die Überprüfung durch eine externe Behörde, die das Qualitätsmanagement bestätigt.

Woran haben Sie den Erfolg des Interim Managers in erster Linie gemessen?

In erster Linie an der Reduzierung der Kosten für den Unternehmensbereich Qualitätsmanagement, aber auch daran, dass es ihm gelungen ist, den Unternehmensbereich stabil zu gestalten und für die Zukunft auszurichten. Gleichbedeutend ist aus meiner Sicht auch die hohe Akzeptanz, die er in seinem Team und im Kollegenkreis gewonnen hat – sowohl in unserem Werk in Plochingen als auch in Marktredwitz. Inzwischen haben wir unseren Interim Manager als festangestellten Leiter Qualitätsmanagement an Bord geholt.

« Konzept

Rüdiger Kabst / Wolfgang Thost / Rodrigo Isidor

Nutzen durch Interim Management: Welche Situationen eignen sich?

Unternehmen sind mehr denn je gezwungen, ihre Organisation so flexibel wie möglich aufzustellen. Die Möglichkeit, Management-Kompetenzen „on demand" einzukaufen, ohne dabei langfristige Vertragsverpflichtungen mit den damit verbundenen Fixkosten einzugehen, steigert den Handlungsspielraum der Unternehmen erheblich. Interim Management ermöglicht den Unternehmen, schnell und flexibel auf unerwartete Schwankungen sowohl der Quantität als auch der Qualität der erforderlichen Human Resources zu reagieren. Gerade für Unternehmen, die in volatilen und dynamischen Umwelten agieren, ist Interim Management somit eine attraktive Option.

Vorbehalte gegenüber Interim Management basieren zumeist auf Unwissenheit und fehlender Erfahrung. So sind verbreitete Ressentiments, beispielsweise in Bezug auf ein wenig professionelles Personalmanagement, nicht haltbar. Obwohl Interim Management seinen Preis hat, kann ein schlank aufgestelltes Unternehmen die Effizienz seiner Geschäftstätigkeit durch den Einsatz von Interim Managern erhöhen. Managementkompetenzen müssen nicht als „slack resources" permanent aufrecht erhalten werden. Der selektive Zugriff auf Interim Manager löst Engpässe bedarfsgerecht, und zwar sowohl in quantitativer als auch in qualitativer Hinsicht.

Kurzum, kurzfristiger Aktionismus als Reaktion auf altbekannte unternehmerische Herausforderungen weicht zunehmend einem professionellen und weitsichtigen Ressourcen- und Humankapitalmanagement. Hierzu gehört ein kohärentes Bündel von Praktiken, die darauf abzielen, die Effizienz und Effektivität des Handelns im Sinne des Unternehmenserfolgs zu erhöhen. Interim Management ist eines der Elemente eines solchen Bündels, das nicht nur als Rettungsanker, sondern auch zum Aufbau neuer Kompetenzen eingesetzt werden kann.

Die Überbrückung einer plötzlichen Vakanz zählt mit zu den klassischen Situationen, bei denen auf externe Unterstützung durch einen Interim Manager zurückgegriffen wird. Im Fall der Cinterion Wireless Modules GmbH fiel der CFO ausgerechnet in einer kritischen Buy-out-Phase von heute auf morgen aus gesundheitlichen Gründen aus. Eine mehrmonatige klassische Executive Search hätte in dieser Unternehmenssituation fatale Folgen gehabt. Daher musste kurzfristig ein erfahrener Interim Manager mit der entsprechenden Kompetenz her, um die anstehenden Aufgaben unverzüglich anzugehen.

Globalisierung, kürzere Technologiezyklen und steigende Lohnkosten – um nur einige Faktoren zu nennen – lösen bei Unternehmen häufig kurzfristig orientierten Aktionismus aus. Je größer der Wettbewerbsdruck und je offensichtlicher die Krise, desto unmittelbarer und gewichtiger die Maßnahmen: Personalabbau, Standortverlagerungen bis hin zu Schließungen.

Diese Reaktionen entbehren nicht einer gewissen Logik, denn sie senden ein Signal der Handlungsfähigkeit an die Stakeholder. In Zeiten kurzfristiger Managerverträge mit stark variablen Vergütungsanreizen ist dies ein durchaus konsistentes Vorgehen. Die unternehmerischen Schnellschüsse führen jedoch nur kurzfristig zu den gewünschten Effekten. Langfristige Wettbewerbsfähigkeit und nachhaltiger Aufbau von Kompetenzen bleiben auf der Strecke. Investitionen in Technologie und Humankapital zahlen sich eben nicht von heute auf morgen aus. Es ist fraglich, ob die Führungsmannschaft, die diese Investitionen tätigt, überhaupt noch selbst die Erträge einfahren kann.

Diese offensichtlichen Fehlentwicklungen haben mittlerweile zu einem weit verbreiteten Umdenken geführt. Die Wettbewerbsherausforderungen werden systematischer und weitsichtiger angegangen. An die Stelle von unüberlegtem Personalabbau ist der intelligente Einsatz von Personal gerückt. Damit stellen sich die Unternehmen deutlich flexibler und professioneller in Bezug auf den Personaleinsatz auf.

Mit dem Einsatz von temporären Arbeitskräften hat sich die Konzeption einer qualifizierten und mit dem Unternehmen sozialisierten Kernbelegschaft, ergänzt durch eine flexibel disponible Randbelegschaft, durchgesetzt. Diese Personalpolitik erlaubt nicht nur einen effizienten und adjustierbaren Personaleinsatz, sondern ermöglicht den systematischen Aufbau und die gezielte Fortentwicklung von Kompetenzen in der Kernbelegschaft. Kostenorientierte Ressourcennutzung und leistungsorientierte Ressourcengenerierung stehen in dieser Konstellation nicht im Widerspruch, sondern bilden eine komplementäre Ergänzung.

Interim Manager zählen temporär zur Kernbelegschaft

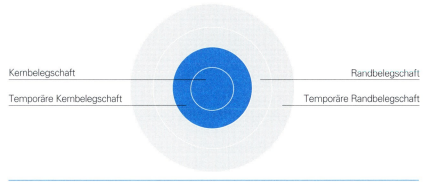

Quelle: Eigene Grafik

Abb. 10: Unternehmen gewinnen Flexibilität durch Zeitverträge

Während sich der temporäre Einsatz von kaufmännischen Fachkräften, Facharbeitern und Ungelernten auf breiter Ebene durchgesetzt hat, steckt die Übertragung dieses bewährten Handlungsmusters auf das mittlere und höhere Management in den Kinderschuhen. Interim Management als Instrument des professionellen Ressourcen- und Humankapitalmanagements ist in Deutschland noch die Ausnahme. Dabei stellt Interim Management gerade für Unternehmen, die in dynamischen Umwelten agieren, eine professionelle Handlungsalternative dar.

Mehr als 70 Prozent der Unternehmen haben keine Erfahrung mit Interim Management

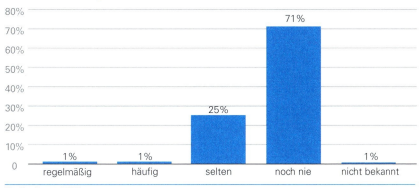

Quelle: Cranet (2010)

Abb. 11: Einsatz von Interim Management in deutschen Unternehmen

Unsere Untersuchungen zeigen, dass derzeit nur 28 Prozent der deutschen Unternehmen Erfahrungen mit Interim Management besitzen. Von diesen nutzt nur knapp ein Zehntel das Tool regelmäßig oder häufig. Anders formuliert heißt das: Über 70 Prozent der von uns befragten Unternehmen geben an, Interim Management noch nicht genutzt zu haben oder gar nicht erst zu kennen.

Interne Auslöser für den Einsatz von Interim Management

Neben den externen Faktoren bedingen natürlich auch unternehmensinterne Ursachen den Einsatz von Interim Managern. Allerdings kursieren über diese internen Auslöser zahlreiche Gerüchte, die zum Teil schlichtweg falsch sind.

Gerücht 1: Personalplanung? Fehlanzeige!

Häufig wird unterstellt, dass immer dann auf Interim Management zurückgegriffen wird, wenn im Unternehmen keine systematische Personalplanung existiert. Schließlich zählt es ja zu den ureigenen Aufgaben eines professionellen Personalmanagements, sowohl quantitative als auch qualitative Personalengpässe frühzeitig zu erkennen und zu beseitigen. Das würde bedeuten, dass bei jedem Einsatz eines Interim Managers der Personalmanger geschlafen hätte.

Gerücht 2: Der Mann fürs Grobe

Eine andere weitverbreitete Meinung ist, dass Interim Manager ausschließlich in krisengebeutelten Unternehmen eingesetzt werden. In diesem Fall würde sich die Rolle des Interim Managers auf die des Feuerwehrmannes reduzieren, der von Baustelle zu Baustelle eilt, um die Unternehmen in letzter Minute vor der drohenden Insolvenz zu bewahren.

Gerücht 3: Tool für Sparfüchse

Ebenso wird kolportiert, dass lediglich Unternehmen, die sich bewusst schlank aufstellen oder stark kostenorientiert agieren, auf Interim Manager zurückgreifen. In diesem Fall wäre Interim Management eine logische Konsequenz einer zu stark gezogenen Kostenbremse und kein strategisch intendiertes Instrument zur Steigerung der Flexibilität.

Diese Meinungsvielfalt, nicht zuletzt bedingt durch Halbwissen und geringe Erfahrung mit Interim Managern, erschwert es den Entscheidungsträgern im Unternehmen, einen Einsatz von Interim Management sachlich abzuwägen und im Unternehmensinteresse einzusetzen. Nehmen wir die Gerüchte daher im Einzelnen unter die Lupe.

Die Mär vom chaotischen Personalmanagement

Häufig wird befürchtet, dass mit dem Ruf nach einem Interim Manager das Signal ausgesendet wird, dass das eigene Management und insbesondere das eigene Personalmanagement wenig professionell aufgestellt sind. Wären diese Befürchtungen zutreffend, würden vor allem solche Unternehmen Interim Management einsetzen, die wenig systematisch und strategisch orientiert mit ihrem Personal umgehen. Ein Signal, das die Unternehmensführung nur äußerst ungern eingestehen und nach außen senden würde.

> » Der Personalabteilung beziehungsweise dem Personaldirektor einen Strick daraus zu drehen, dass ihm eine Führungskraft abspringt oder das Unternehmen sich strategisch neu ausrichtet, und er deswegen auf Interim Manager zurückgreift, halte ich nicht für richtig. «
>
> **Markus Schmid**, damaliger CEO und President der Tele Columbus Gruppe

Unsere empirischen Daten zeigen jedoch ein ganz anderes Bild. So unterscheiden sich Unternehmen, die Interim Management einsetzen, in Bezug auf die systematische Ausrichtung und Professionalität des Personalmanagements nicht von Unternehmen, die bislang noch kein Interim Management einsetzen.

Es besteht kein signifikanter Zusammenhang zwischen Personalpolitik und Interim-Management-Einsatz

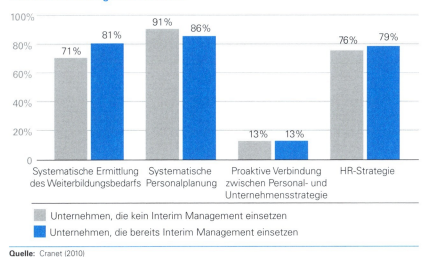

Quelle: Cranet (2010)

Abb. 12: Vergleich zwischen Unternehmen, die Interim Management einsetzen bzw. nicht einsetzen

Spätestens seit Mitte der 90er-Jahre wissen wir aus den Studien anglo-amerikanischer Forscher, dass ein messbarer Zusammenhang zwischen kohärenten Bündeln von Personalaktivitäten und dem Unternehmenserfolg empirisch nachweisbar ist (Wright/Haggerty, 2005; Delery/Doty, 1996; Huselid, 1995; MacDuffie, 1995). Interim Management sollte daher weniger mit der Befürchtung negativer Signale in Richtung Personalmanagement gesehen werden, sondern vielmehr als Ergänzung eines Bündels von Personalpraktiken mit dem Ziel, die Flexibilität und damit auch den Unternehmenserfolg zu steigern.

Die Mär vom (ausschließlichen) Retter in der Not

Wirft man einen Blick in die einschlägige Wirtschaftspresse, findet man im Zusammenhang mit Interim Management immer wieder Termini wie „Feuerwehrmann", „Retter in der Not" oder „Krisenmanager". Dieses Bild hat sich inzwischen fest in den Köpfen deutscher Unternehmer verankert. Der Einsatz von Interim Managern wird stets mit einer Krise assoziiert. Das gilt insbesondere dann, wenn Banken der Auslöser für den Einsatz waren.

» *Wenn man über das Thema Interim Manager spricht, hat man sofort im Hinterkopf: ›Oh, euch geht es schlecht. Da hat euch die Bank jemanden aufgedrückt.‹* «

Michael Misslbeck, Geschäftsführender Gesellschafter der MT Misslbeck Technologies GmbH

Es verwundert daher nicht, dass Michael Misslbeck in seinem eigenen Unternehmen den Manager auf Zeit bewusst nicht als Interim Manager, sondern als Mitglied der Geschäftsführung „mit den entsprechenden Schulterklappen" angekündigt hat, um unzutreffende Signale zu vermeiden.

Unsere Untersuchungen haben ergeben, dass sich Unternehmen, die bereits eigene Erfahrungen mit Interim Management sammeln konnten, hinsichtlich ihrer Ertragssituation nicht von Unternehmen unterscheiden, die bislang noch keine Interim Manager in ihrem Hause eingesetzt haben. Zwar wird Interim Management auch in Krisenfällen oder zur Umstrukturierung angeschlagener Unternehmen eingesetzt und erweist sich hierbei als zielgerichtete und äußerst hilfreiche Maßnahme. Nicht umsonst hat sich in der Praxis die Position des CRO (Chief Restructuring Officer), ein Spezialfall des Interim Managers, herausgebildet. Jedoch ist es vielfach unzutreffend, von einer finanziellen Schieflage eines Unternehmens auszugehen, nur weil es auf die Expertise eines Interim Managers zurückgreift.

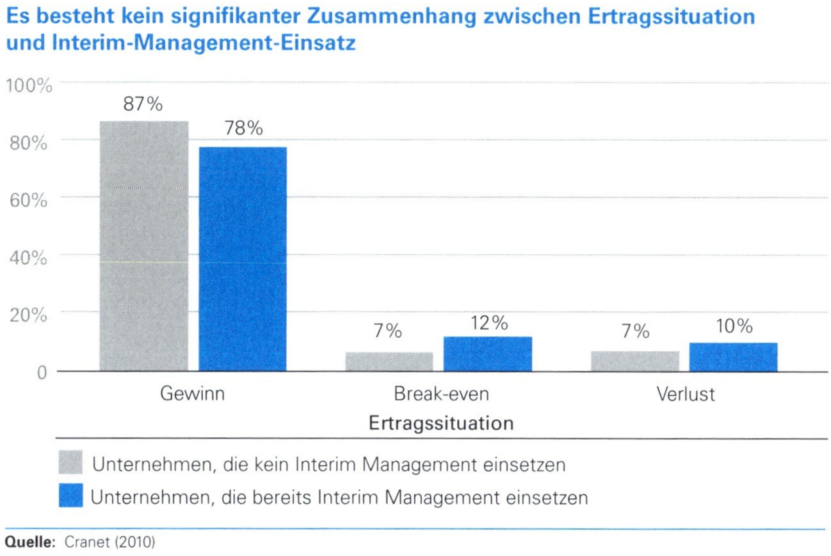

Es besteht kein signifikanter Zusammenhang zwischen Ertragssituation und Interim-Management-Einsatz

Quelle: Cranet (2010)

Abb. 13: Ertragssituationen der Unternehmen mit bzw. ohne Interim-Management-Einsatz über einen Zeitraum von drei Jahren

Die Grafik zeigt, dass Interim Management größtenteils in Unternehmen eingesetzt wird, die in den letzten drei Jahren Gewinne erwirtschaftet haben. Lediglich zehn Prozent der Unternehmen, in denen Interim Management zum Einsatz kommt, haben in den letzten drei Jahren Verluste erlitten. Dieser Anteil mag allerdings im Zusammenhang mit der Finanzkrise wieder zunehmen.

Interim Management stellt eine Option zur Lösung unterschiedlicher unternehmerischer Herausforderungen dar. Zweifelsohne ist der Interim Manager als Retter in der Not ein nachgefragtes Geschäftsfeld. Das Leistungsspektrum eines Interim Managers geht jedoch darüber hinaus. Seine Einsätze zum Aufbau neuer Geschäftsfelder, zur Internationalisierung der Geschäftstätigkeit, zur Einführung neuer technischer Systeme, um nur einige Beispiele zu nennen, zielen auf die zukünftige Wettbewerbsfähigkeit des Unternehmens.

Die Mär von der Kostenbremse

Seit den 90er-Jahren stellt die zunehmende Ökonomisierung eine der wesentlichen Triebfedern des organisatorischen Geschehens dar. In Zeiten, in denen Lean Management, Outsourcing und Downsizing als Heilsversprechen einer schlanken Organisation betrachtet werden, ist die Kosteneffizienz zu einem tragenden Motiv unternehmerischen Handelns geworden (Matiaske & Mellewigt 2002; Matiaske & Kabst 2002). Das impliziert die kontinuierliche Realisierung von Effizienzsteigerungen, die Auslagerung von nicht-wertschöpfenden Aktivitäten, unter der Voraussetzung, dass diese extern kostengünstiger organisiert werden, und damit einhergehend eine Reduktion der Mitarbeiterzahl.

Unternehmen, die sich schlank aufstellen, verzichten bewusst auf „slack resources", das heißt unausgelastete Managementkapazitäten. Sobald der Bedarf an Management-kapazität jedoch auf Grund von Wettbewerbsveränderungen unerwartet ansteigt, können jene Unternehmen diesen nicht mehr aus eigener Kraft decken und müssen kurzfristig Mitarbeiter rekrutieren.

» Die Kosten für die externe Rekrutierung nimmt man in Kauf, da es völliger Quatsch ist, wenn man auf der Managementebene Personal auf Vorrat hält. «

Markus Schmid, damaliger CEO und President der Tele Columbus Gruppe

Die externe Personalbeschaffung stellt für viele Unternehmen jedoch eine große Her-ausforderung dar, weil qualifiziertes Führungspersonal rar ist. Und selbst wenn man es findet, dauert eine fundierte Rekrutierung inklusive Kündigungsfristen des Kandida-ten einige Monate. Zudem stellt sich die Frage, ob der Managementengpass dauerhaft oder temporär ist. Bei Letzterem käme eine Festanstellung sowieso nicht in Frage. Die Option Interim Management ist in solchen Konstellationen durch die unmittelbare Verfügbarkeit und die benötigte Expertise nahe liegend.

Lean Management begünstigt den Einsatz von Interim Management

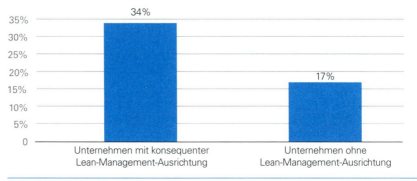

Quelle: Cranet (2005)

Abb. 14: Konsequenz der Lean-Management-Ausrichtung

Nicht selten führt Lean Management zu sinkenden Investitionen in die Weiterbildung der Mitarbeiter. Offensichtlich geht die Effizienzorientierung mit einem Trade-off einher, das heißt bei plötzlichen Engpässen oder neuen Projekten steht kein geeignetes internes Führungspersonal zur Verfügung. In diesen Fällen müssen Unternehmen eine klassische „Make-or-buy"-Entscheidung treffen. Entweder sie können das mangelnde Know-how über Personalentwicklungsmaßnahmen kurzfristig intern aufbauen oder sie kaufen es extern in Form von Interim Management ein.

Die Auswertung der empirischen Daten bestätigt diese Überlegungen. Unternehmen, die in den letzten Jahren ihre Investitionen in Weiterbildung reduziert haben, greifen verstärkt auf den Einsatz von Interim Management zurück.

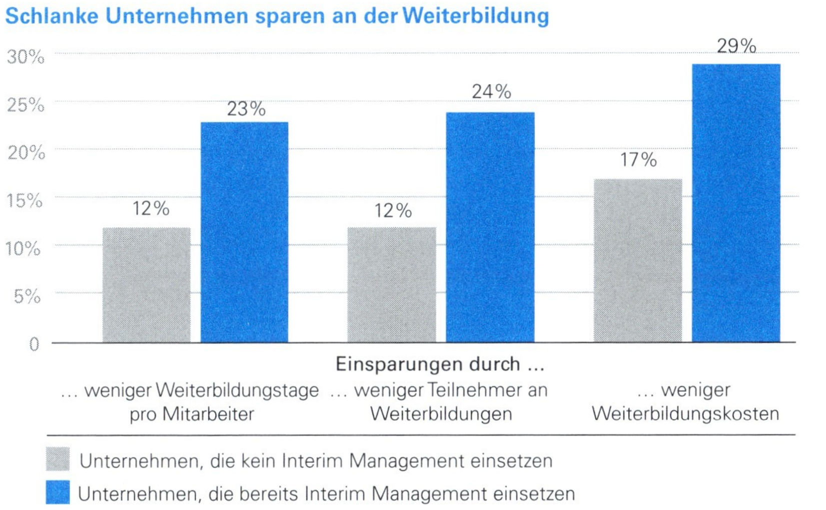

Schlanke Unternehmen sparen an der Weiterbildung

Quelle: Cranet (2010)

Abb. 15: Weiterbildung in Unternehmen mit bzw. ohne Interim-Management-Einsatz

Einsparungen beim Weiterbildungsbudget können also fehlende Führungskapazitäten nach sich ziehen und einen erhöhten Bedarf an Interim Managern auslösen. Die Frage ist, ob dieser Engpass unerwartet ist oder bewusst in Kauf genommen wird. Im ersten Fall wäre Interim Management tatsächlich das Resultat einer in der Vergangenheit zu stark angezogenen Kostenbremse. Im zweiten Fall würde Interim Management zum konzeptionellen Instrumentarium des Lean Managements gehören und gezielt zur Steigerung der Flexibilität und des Unternehmenserfolgs eingesetzt werden.

Bei der Beantwortung der Frage hilft ein Blick auf die konkreten Aufgaben, für die Unternehmen Interim Manager einsetzen.

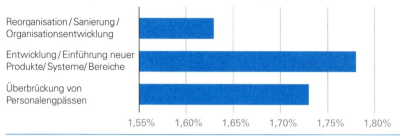

In der Sanierung wird auch an der Weiterbildung gespart

Reorganisation / Sanierung /
Organisationsentwicklung

Entwicklung / Einführung neuer
Produkte/ Systeme/ Bereiche

Überbrückung von
Personalengpässen

1,55%   1,60%   1,65%   1,70%   1,75%   1,80%

Quelle: Cranet (2005)

Abb. 16: Weiterbildungsbudget

Es zeigt sich, dass die Anlässe für den Einsatz von Interim Management mit den Weiterbildungsausgaben korrelieren. Am geringsten sind die Ausgaben bei Unternehmen, die Interim Manager für Reorganisations- bzw. Sanierungsaufgaben ins Unternehmen holen. Die vergleichsweise niedrigen Weiterbildungsausgaben könnten ein Indiz dafür sein, dass in der Tat zu stark auf die Kostenbremse getreten wurde und die Wettbewerbsfähigkeit darunter gelitten hat. Obwohl der Anlass des Interim Managements hier weniger strategisch nach vorne gerichtet ist, ist auch in diesen Fällen der Mehrwert für das Unternehmen einleuchtend. Der Interim Manager bringt die Erfahrung eines Turnaround-Managers mit und hilft, das Überleben des Unternehmens zu sichern.

Anders sieht es für Interim Manager aus, die zur Entwicklung neuer Produkte oder Einführung neuer Systeme eingesetzt werden. Hier sind die Weiterbildungsausgaben vergleichsweise hoch und deuten auf eine systematische Erhöhung der Kompetenz hin. In diesem Fall sind es also nicht unerwünschte oder unerwartete Anlässe, die ein Unternehmen zum Einsatz eines Interim Managers zwingen. Ganz im Gegenteil: Interim Management wird als Instrument zur Steigerung der Kompetenz und Leistungsfähigkeit der unternehmensinternen Ressourcen verwendet.

Unternehmen, die Interim Management zur Überbrückung von Personalengpässen einsetzen, liegen mit ihrem Weiterbildungsbudget zwischen den beiden anderen. Das ist plausibel, weil hier wahrscheinlich unplanbare Ereignisse eingetreten sind. Deshalb lässt sich nicht beurteilen, ob Interim Management das Resultat einer zu starken Kostenorientierung ist. Schließlich kann Interim Management in diesen Konstellationen auch bewusst als Übergangslösung angewandt werden, um ausreichend Zeit bei der fundierten Auswahl geeigneter Kandidaten für eine dauerhafte Besetzung einer Führungsposition zu gewinnen.

Obwohl jede Reduzierung von Weiterbildungsbudgets kritisch zu hinterfragen ist, müssen die Anlässe für einen Interim-Management-Einsatz differenziert betrachtet werden. Nur dann kann beurteilt werden, ob der Interim Manager als Retter in der Not fungiert oder ob sein Einsatz ein Instrument in einem professionellen Bündel von Personalmaßnahmen darstellt. Egal aus welchem Grund der Bedarf nach einem externen Manager auf Zeit erwächst: Interim Management erfüllt stets eine Aufgabe, die in der Regel nicht durch das interne Personal bewältigt werden kann.

Wolfgang Thost

Perspektive des Interim-Management-Dienstleisters

Wenn die Wissenschaft von Unkenntnis oder Zurückhaltung gegenüber Interim Management spricht, ist das noch vornehm ausgedrückt. Wir verspüren im Gespräch mit potenziellen Kunden oder Neukunden oft ein latentes Misstrauen, das ungefähr lauten könnte: „Ihr bietet uns also die älteren Herren an, die sonst nichts mehr werden können."

Umgekehrt wird ein Schuh daraus. Wir wissen gottlob, dass Kunden, die sich einmal für einen Manager auf Zeit entschieden haben, dies immer wieder tun. Sie werden zu Wiederholkunden und ausgesprochenen Anhängern des Tools Interim Management. Wir haben Kunden, die nicht nur zwei oder drei Manager auf Zeit hintereinander einsetzen, sondern ein halbes Dutzend oder mehr gleichzeitig.

Es gilt also eine gewisse Hürde zu überspringen. Wie lässt sich das erklären? Besonders kritische Kunden messen einer Feststellenbesetzung auf Top-Ebene eine Erfolgsquote von rund 50 Prozent bei. Das ist sicherlich eine sehr pessimistische und subjektive Einschätzung. Kollegen aus dem Executive-Search-Geschäft sehen die Erfolgsquote bei 70 bis 80 Prozent. Wie dem auch sei, der Kunde, der mit Interim Management noch keine Erfahrungen gesammelt hat, überträgt diese Zahlen auf die Erfolgsquote von Managern auf Zeit. Und kommt zu dem Ergebnis: „Das kann ja gar nichts werden, bis der sich eingearbeitet hat, ist er schon wieder weg."

Warum haben wir dann im Interim Management eine ausgesprochen hohe Erfolgsquote und kennen abgebrochene Projekte nur äußerst selten? Warum können wir bei Management auf Zeit – einen qualitativ hochwertigen Auswahlprozess voraussetzend – von einer äußerst sicheren, Erfolg versprechenden Lösung ausgehen?

Häufig setzen wir Manager ein, die schon auf einer höheren hierarchischen Ebene Erfahrung gesammelt haben und sich daher besonders schnell einarbeiten: der IT-Leiter, der bereits CIO war, der Werksleiter mit der Perspektive eines Geschäftsführers oder der Vorstand einer mittelständischen AG, der bereits in einem größeren Konzern tätig war. Manager, die die Vogelperspektive kennen, aber nicht verlernt haben, wie man eine Tiefbohrung vornimmt. Häufig kommt zusätzliche Branchenerfahrung hinzu, denn die Lebensläufe von Interim Managern sind meist bunter als die eines klassischen Linienmanagers. Hinzu addiert sich die Unabhängigkeit und Objektivität eines Externen, der Dinge sieht und Probleme benennt, die ein Interner, der noch Karriere im selben Unternehmen machen will, nicht zu sagen wagt oder vor lauter Betriebsblindheit nicht einmal erkennt.

Dass Unternehmen, die in dynamischer Umwelt agieren, häufiger Interim Management einsetzen als andere, können wir bestätigen. An der Spitze stehen Automobilzulieferer, Maschinenbau-, IT- und Telekommunikationsunternehmen. Es folgen die Konsumgüterindustrie sowie Elektrotechnik und Elektronik. All diesen Branchen sind ein höherer Globalisierungsgrad, großer Wettbewerbsdruck und kurze Entscheidungstakte gemein. Hier kann man es sich weder leisten, eine Stelle mal ein Jahr unbesetzt zu lassen noch darauf vertrauen, dass sich viele Probleme mit der Zeit von selber lösen. Führungsengpässe müssen schnell beseitigt, Projekte kurzfristig gestartet werden.

Das Bild des Feuerwehrmannes hat sich im Zusammenhang mit dem Manager auf Zeit eingeprägt. Tatsächlich ist der Interim Manager bei Sanierungen oder Restrukturierungen häufig der Retter in der Not. Dennoch decken diese Aufgaben nur einen Teil seines Leistungsspektrums ab. Richtig ist, dass man einen Manager auf Zeit holt, wenn er eine konkrete Aufgabe lösen soll: ein neues Entlohnungssystem einführen, eine neue Software ausrollen oder einen Markt erobern. Gilt es lediglich eine vakante Stelle zu besetzen, ohne dass ein Problem oder ein Projekt auf Bearbeitung warten, kann auch ein festangestellter Kollege die Aufgabe mitverwalten.

Die Vermutung, dass dem Einsatz von Interim Management ein unprofessionelles Personalwesen vorausgeht, ist schlichtweg falsch. Das hier zugrunde liegende Bild einer idealen Personalpolitik geht davon aus, dass wir in einer planbaren Umwelt leben und die Personalverantwortlichen für alle Eventualitäten die passende Antwort parat haben. Tatsächlich wäre es völlig ineffizient, für jede Eventualität eine Lösung bereitzuhalten. Krankheiten und Kündigungen sind nicht planbar, drohende Übernahmen, Käufe und Verkäufe ebenfalls nicht. Moderne Personalpolitik zeichnet sich gerade dadurch aus, nicht jedes potenzielle Problem mit einem Übermaß an Ressourcen lösen zu wollen, sondern flexible Tools vorzuhalten, die geeignet sind, auf Überraschungen angemessen zu reagieren. Management auf Zeit ist ein solches Tool.

Die Vermutung, dass immer Banken oder gar der Konkursverwalter hinter dem Einsatz eines Managers auf Zeit stehen, mag in der Frühphase Ende der 80er-, Anfang der 90er-Jahre richtig gewesen sein. Das rapide Marktwachstum des Interim Managements hat diese Fälle jedoch nicht im gleichen Maße mitwachsen lassen. In den letzten Jahren sind vermehrt andere Themen und Projekte in den Vordergrund gerückt:

▸ Wachstum

▸ Kapazitätserweiterungen

▸ Neue Softwarelösungen und Verfahren

▸ Erschließung von Auslandsmärkten

▸ Entwicklung neuer Geschäfte

Von daher gibt es keinen Anlass, den Einsatz von Interim Management zwingend mit einer kritischen Unternehmenssituation in Verbindung zu bringen. Management auf Zeit ist einfach ein geeignetes Instrument, um Sondersituationen in Unternehmen schnell, effizient und mit großer Erfolgswahrscheinlichkeit anzugehen – gleichgültig, welcher Natur sie sind.

Tatsächlich ist Interim Management ein typisches Instrumentarium für schlanke Unternehmen. Mittelständische Betriebe spielen damit eine gewisse Vorreiterrolle und eilen hier den Konzernen voraus. Die Zeiten, in denen es zum guten Ton gehörte, die oben erwähnten „slack resources" vorzuhalten, sind auch für Großunternehmen vorbei. Uns sind nur Unternehmen bekannt, die froh wären, ihre überflüssigen Ressourcen loszuwerden. Oft ist es nämlich gar nicht so leicht, diese Reserve-Manager flexibel einzusetzen. Das ist der Grund, warum auch Großunternehmen Management auf Zeit beauftragen.

Hier zeigt sich übrigens eine Trendwende: Früher schielten kleine und mittelständische Firmen auf die großen Konzerne, die gerne neue Instrumente testeten. Diese Zeiten scheinen vorbei zu sein. Heute orientieren sich Unternehmen an Hidden Champions (Simon 1998; 2007). Solche Betriebe haben immer mehr Arbeit als Köpfe. Und sollten die Köpfe auf der Führungsebene einmal knapp werden, gibt es Interim Manager, die aushelfen.

««« Fall

Interimistischer Chief Financial Officer (CFO)

▸ **Kunde:** Cinterion Wireless Modules Holding GmbH

▸ **Zeitraum:** März bis Juli 2009

▸ **Einsatzort:** München

▸ **Größe des Unternehmens:** 450 Mitarbeiter weltweit, 220 Mio. Euro Umsatz in 2008, fünf Tochtergesellschaften, Auslandsvertretungen in den USA, China, Brasilien, Polen, Indien

Die Aufgabe

Durch den kurzfristigen, krankheitsbedingten Ausfall des CFOs wurde innerhalb kürzester Zeit ein interimistischer CFO mit langjähriger Erfahrung gesucht. Quasi ohne Einarbeitungszeit galt es, den Konzernjahresabschluss sowie die offenen Verhandlungsthemen aus dem Siemens-Spin-off-Prozess erfolgreich umzusetzen. Gleichzeitig musste die Bankenfinanzierung mit den Bankkonsortien und ein Kostensenkungsprogramm begleitet werden.

Unternehmensprofil

Cinterion Wireless Modules ist der weltweit führende Anbieter von Funkmodulen für Machine-to-Machine-Kommunikation (M2M). Mit Hilfe von Cinterion Modulen kann der Informationsaustausch unterschiedlichster Endgeräte und Anwendungen, wie Maschinen, Automaten, Fahrzeuge oder Computer, über Mobilfunknetze deutlich optimiert werden. Cinterion-Produkte werden in verschiedensten Industriezweigen eingesetzt, wie zum Beispiel für Fernwartung und Teleservices, Metering, POS-Systeme, Industrie-PDAs, Router und Gateways, Sicherheitssysteme, Gesundheitswesen, Automobilsektor, eToll-Systeme, Tracking- und Tracing-Anwendungen.

Interview mit Norbert Muhrer
CEO der Cinterion Wireless Modules Holding GmbH

Herr Muhrer, wo stand Cinterion Anfang 2009, als Sie einen neuen CFO suchten?

Die Cinterion Wireless Modules GmbH ist aus dem ehemaligen Siemens-Geschäftszweig Wireless Modules entstanden. Die sehr erfolgreiche, auf Funkmodule für die Machine-to-Machine-Kommunikation spezialisierte Siemens-Einheit wurde im Rahmen eines Buy-out per 1. Juni 2008 von einem Investorenkreis unter Führung von GranvilleBaird übernommen. Bedingt durch die Weltwirtschaftskrise erlitt das Unternehmen jedoch in 2009 einen Umsatzeinbruch in den monatlichen Run Rates. Darüber hinaus galt es, die vielen noch offenen Themen aus dem Siemens-Spin-off in dieser sehr schwierigen und angespannten Phase erfolgreich abzuschließen.

In dieser entscheidenden Situation fiel kurzfristig der CFO aus?

Ja, aus gesundheitlichen Gründen von heute auf morgen. Da wir keinen internen Ersatz hatten, gab es nur eine Lösung: Ein erfahrener Interim Manager mit einer entsprechenden Kompetenz für den Buy-out musste her. Die Position durch einen neuen Finanzvorstand in Festanstellung zu besetzen, hätte zu lange gedauert. Der klassische Search beansprucht mindestens sechs Monate, was in dieser Unternehmenssituation fatale Folgen gehabt hätte.

Welche besonderen Fähigkeiten sollte der Interim Manager mitbringen?

Es sollte ein Mann mit Top-Management-Erfahrung als CFO im Telekommunikationsbereich sein. Jemand, der weiß, wie ein Unternehmen tickt, das aus einer Konzernstruktur wie Siemens kommt, aber dennoch mittelständisch geprägt ist. Wir suchten einen Manager mit einer starken Hands-on-Mentalität. Der Interim Manager musste sich schnell ins Team einfügen und die bereits aufgesetzten Maßnahmen aus dem Stegreif fortsetzen. Außerdem sollte er sich im internationalen Geschäft auskennen.

Auf dem weltweiten Telekommunikationsmarkt sind Flexibilität und Schnelligkeit von extrem großer Bedeutung. Welchen Beitrag leistete der Interim Manager an dieser Stelle?

Der Interim Manager hat wichtige Themen innerhalb kürzester Zeit angepackt und gelöst. Vor allem bei den externen Stakeholdern, wie Banken, Wirtschaftsprüfern, Investoren oder Anwälten gewann er sehr rasch ein hohes Maß an Vertrauen und Akzeptanz. Das war ein bedeutender Erfolgsfaktor für die weitere und erfolgreiche Umsetzung bei der Restrukturierung des Unternehmens.

Welche Ziele gaben Sie vor und woran haben Sie den Erfolg des Projektes gemessen?

Der Manager verfügte über einen sehr fundierten Background, sodass zu seinen Aufgaben die Übernahme sämtlicher Führungsaufgaben in den Bereichen Controlling, Accounting, Treasury sowie die Fertigstellung des Konzernjahresabschlusses zählten. Sämtliche offenen Punkte aus dem Siemens-Spin-off standen ebenso auf der Roadmap wie auch die Übernahme der Banken- und Investorenkontakte. Hierzu mussten selbstverständlich saubere Planungsgrundlagen für 2009 und 2010 erstellt werden.

Können die Erfolge des interimistischen CFOs an bestimmten Entwicklungen festgemacht werden?

Aufgrund seiner erstklassigen Arbeit hat sich der Aufsichtsrat entschieden, den Interim CFO in den Aufsichtsrat aufzunehmen, um seinen Sachverstand auch zukünftig für die Weiterentwicklung des Unternehmens zu nutzen. Das sagt wohl alles über den Erfolg aus.

**Würden Sie in einem ähnlichen Fall wieder mit einen Interim Manager zu-
sammenarbeiten?**

In unserer heutigen Zeit erfolgen Wertsteigerungen fast ausschließlich über operative
Restrukturierungen, für die sich der Einsatz von Interim Managern optimal eignet.

« Konzept

Rüdiger Kabst / Wolfgang Thost / Rodrigo Isidor

Typische Aufgaben für Interim Manager: Welche sind das?

Selbst florierende Unternehmen, die erstklassige Manager an Bord haben, geraten gelegentlich in Situationen, in denen sich der Einkauf externen Know-hows durch den Einsatz eines erfahrenen Managers auf Zeit empfiehlt. Die Art der Aufgaben, die der Interim Manager dabei bewältigen muss, werden anschaulich durch die Transaktionskostentheorie illustriert. Die Transaktionskostentheorie untersucht die Effizienz von Vertragsbeziehungen anhand der Kriterien Spezifität, Unsicherheit und Häufigkeit. Die Ausprägungen dieser Kriterien entscheiden darüber, ob eine Transaktion lieber intern oder extern vollzogen werden soll. Der Theorie zufolge ist der Einsatz von Interim Managern besonders vorteilhaft, wenn Aufgaben einmaliger Natur sind, nur wenig unternehmensspezifisches Wissen verlangen und der Erfolg leicht messbar ist.

Die Hauptaufgaben, für die Interim Manager ins Unternehmen geholt werden, sind Restrukturierungs- und Sanierungsmandate, Projektmanagement sowie die Überbrückung von Vakanzen. All diesen Aufgaben ist gemein, dass die anfallenden Tätigkeiten zeitlich begrenzt und einmalig sind. Zudem erfordern sie eher unternehmensübergreifendes als unternehmensinternes Wissen. Ob sie erfolgreich erfüllt wurden, lässt sich an Meilensteinen oder Erfolgsindikatoren messen.

Ein Vorteil von Interim Managern gegenüber internen Führungskräften ist ihre Neutralität. Da sie keine Hypotheken in den Unternehmen haben, in denen sie tätig sind, erlaubt ihnen die daraus resultierende Unabhängigkeit eine objektive Sicht auf die Probleme und die Durchsetzung auch unpopulärer Maßnahmen, ohne dabei Rücksicht auf interne Verflechtungen nehmen zu müssen.

Im Fall der Deutscher Sparkassen Verlag GmbH übernahm der Interim Manager die typische Aufgabe der Restrukturierung eines Bereichs. Der DSV beabsichtigte die Zusammenlegung des Vertriebs dreier Geschäftssparten, um die Koordination im Außenauftritt und die Kompetenz übergreifender Lösungen zu forcieren. Der interimistische Leiter Vertriebscontrolling setzte die neue Vertriebsstruktur auf und stellte sicher, dass diese im Unternehmen implementiert wurde.

Interim Manager sind immer dann eine Option, wenn ein qualitativer oder quantitativer Personalbedarf auf Managementebene im Unternehmen zu decken ist. Ein quantitativer Bedarf besteht, wenn das Wissen zwar grundsätzlich in der Organisation vorhanden ist, aber für die Bewältigung der jeweiligen Aufgabe nicht zur Verfügung steht. Ein qualitativer Personalbedarf dagegen entsteht, wenn die erfolgreiche Bewältigung einer Managementaufgabe Kompetenzen voraussetzt, die das Unternehmen zu diesem Zeitpunkt nicht besitzt (Mestwerdt 1998).

» Es gibt zwar sehr gute Leute in den Unternehmen, die aber
aus der Linie oder anderen Projekten herausgezogen werden müssten.
Die Engpässe würden damit nur verlagert. «

Peter Clotten, Interim Manager

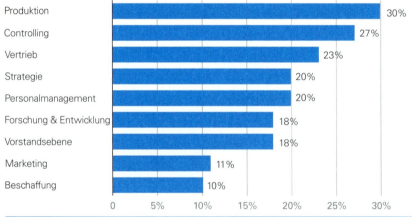

Produktion und Controlling sind klassische Interim-Management-Aufgaben

Produktion	30%
Controlling	27%
Vertrieb	23%
Strategie	20%
Personalmanagement	20%
Forschung & Entwicklung	18%
Vorstandsebene	18%
Marketing	11%
Beschaffung	10%

Quelle: Cranet (2010)

Abb. 17: Organisationsbereiche, in denen Interim Management eingesetzt wird

Die Grafik zeigt, dass Interim Manager in nahezu allen primären und unterstützenden Aktivitäten der Wertschöpfungskette zum Einsatz kommt, vor allem in der Produktion und im Controlling.

Für welche Aufgaben werden Interim Manager eingesetzt?

Ein Interim Manager kommt von heute auf morgen in ein ihm fremdes Unternehmen, in dem er weder die Mitarbeiter noch die Strukturen kennt. Er überspringt die Einarbeitungszeit, krempelt sofort die Ärmel hoch und weist in kürzester Zeit Erfolge vor. „Das soll funktionieren?", fragen viele Unternehmer, die sich zum ersten Mal mit Interim Management befassen. Dahinter steckt die weitverbreitete Meinung, dass die Vernetzung innerhalb des Unternehmens sowie unternehmensspezifisches Wissen unverzichtbare Pfeiler jeder Führungstätigkeit darstellen. Träfe diese Ansicht für jede Managementaufgabe zu, dürften Führungskräfte ausschließlich längerfristig im Unternehmen tätig sein. Interim Management wäre demnach ein Paradoxon, denn Interim Manager übernehmen Führungsaufgaben nur temporär, zumeist für wenige Monate.

Tatsächlich gibt es Aufgaben, bei denen nicht unternehmensinternes, sondern vielmehr übergreifendes Wissen erforderlich ist. So stellen beispielsweise die Einführung eines neuen Softwaresystems, die Entwicklung neuer Technologien und deren produktorientierte Umsetzung oder ein Initial-Public-Offering für viele Unternehmen Führungsaufgaben dar, für die das entsprechende Expertenwissen zumeist nicht im Unternehmen vorrätig ist. In solchen Fällen muss das Know-how von außen ins Unternehmen eingebracht werden. Handelt es sich dabei überwiegend um ein Analyseproblem, holt man sich Berater ins Haus. Handelt es sich dagegen um ein Umsetzungsproblem, ist zusätzliche Managementkompetenz auf Zeit das Tool der Wahl, zumal es sich um zeitlich befristete Führungsaufgaben handelt, die eine Festanstellung nicht nahelegen.

Ebenso ist bei Umstrukturierung oder Sanierung eines angeschlagenen Unternehmens die unternehmensinterne Vernetzung samt Abhängigkeiten und kollegialer Verbundenheit in einigen Konstellationen wenig förderlich. Gerade ein Sanierer kann und darf auf solche Netzwerke keine Rücksicht nehmen, um ein konsequentes Turnaround-Management vornehmen zu können.

» Wir haben in den letzten zehn Jahren alle zwei Jahre eine große Umstrukturierung durchgeführt. Mal das ganze Haus betreffend, mal ein Drittel oder nur eine Sparte. Ständig fangen Sie an, Stühle zu rücken und Menschen hin und her zu schieben. Aber es gibt nicht immer für jede Krähe einen Ast. In diesen Fällen brauchen Sie einen unabhängigen Geist, der sich auch gegen Widerstände durchsetzen kann. «

Klaus Sokollik, Zentralbereichsleiter Personal, Service und Organisation
Deutscher Sparkassen Verlag GmbH

Wenn der Interim Manager für seine Arbeit also weder unternehmensspezifisches Wissen noch unternehmensinterne Vernetzung benötigt, welches sind dann die bevorzugten Aufgabenstellungen für das Management auf Zeit? Zu Beantwortung dieser Frage eignet sich die Transaktionskostentheorie (Williamson 1981; 1984; 1985), für deren Entwicklung Oliver E. Williamson im Jahr 2009 den Wirtschaftsnobelpreis erhalten hat. Die Transaktionskostentheorie untersucht die Effizienz von Vertragsbeziehungen anhand der Kriterien Spezifität, Unsicherheit und Häufigkeit. Die Ausprägungen dieser Kriterien entscheiden darüber, ob eine Transaktion intern oder extern vollzogen werden soll.

Überträgt man die Transaktionskostentheorie, ist Interim Management nur in Konstellationen effizient,

▸ die wenig unternehmensinternes Wissen erfordern, also eine geringe Spezifität aufweisen

▸ deren Aufgabenerfüllung kaum opportunistischen Spielraum ermöglicht, die demnach nur eine geringe Unsicherheit im Blick auf das Ziel erlauben

▸ und die nicht regelmäßig, sondern eher selten vorkommen.

Das heißt, Interim Management bietet sich insbesondere für Aufgaben an, bei denen externes Wissen ins Unternehmen getragen werden soll, deren Erfüllung messbar ist und die selten oder nur einmalig auftreten.

Im umgekehrten Fall dagegen, also bei Aufgaben, zu deren Erledigung unternehmensinternes Wissen zwingend benötigt wird, die Leistungsmessung schwierig realisierbar ist und die Aufgaben regelmäßig wiederkehren bzw. permanent zu bewältigen sind, ist der Einsatz von festangestelltem Führungspersonal vorzuziehen.

Interim Management ist effizient bei klarer Zielsetzung und unternehmensübergreifendem Know-how-Bedarf

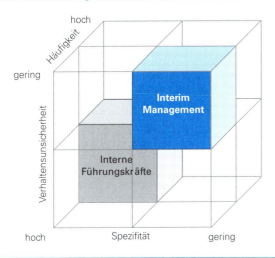

Quelle: Eigene Darstellung

Abb. 18: Interim Manager vs. interne Führungskräfte

Unsere empirischen Ergebnisse untermauern die transaktionskostentheoretische Argumentation. Demnach machen gerade Aufgaben wie Restrukturierung, Implementierung neuer Strukturen, Systeme oder Produkte sowie temporäre Vakanzen auf Führungsebene die wesentlichen Aufgaben des Interim Managers aus.

Auch in der Vakanzüberbrückung steht die Problemlösung im Vordergrund

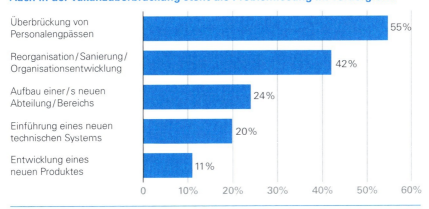

Quelle: Cranet (2010)

Abb. 19: Aufgaben der Interim Manager

Organisationsentwicklung und Reorganisation

Restrukturierungsmandate stellen mit 42 Prozent das zweithäufigste Einsatzgebiet von Interim Managern dar. Restrukturierungsmandate erfordern weniger unternehmensspezifisches als vielmehr externes Know-how. Sie verlangen nach breiter und branchenübergreifender Erfahrung und sind für das einzelne Unternehmen nicht an der Tagesordnung - für den erfahrenen Manager auf Zeit jedoch sehr wohl. Zwar kann der Bedarf an Restrukturierungs-Know-how auch durch Unternehmensberatungen gedeckt werden, liegt der Schwerpunkt der Restrukturierung jedoch auf der Durchführung und Implementierung, erweist sich der Einsatz eines Interim Managers als vorteilhafter.

» Der Berater gibt ja nur Anweisung, was man besser machen könnte.
Der Interim Manager dagegen macht sich gleich an die Umsetzung. «

Ulrich Spandau, damaliger Konzernbereichsleiter Personal der TÜV SÜD AG und jetziger Managing Partner Atreus

Da Interim Manager im Gegensatz zu Beratern während ihres Einsatzes mit den notwendigen Kompetenzen und Weisungsbefugnissen ausgestattet werden, können sie eigenverantwortlich und unmittelbar wesentliche Entscheidungen treffen, ohne ständig Rücksprachen halten und um Erlaubnis fragen zu müssen. Ein Vorteil von Interim Managern gegenüber internen Führungskräften ist ihre Neutralität. Da sie keine Hypotheken in den Unternehmen haben, in denen sie tätig sind, erlaubt ihnen die daraus resultierende Unabhängigkeit eine objektive Sicht auf die Probleme und die Durchsetzung auch unpopulärer Maßnahmen, ohne dabei Rücksicht auf interne Verflechtungen nehmen zu müssen.

» Gerade in Krisensituationen ist man total subjektiv und schaut nicht mehr
über den Tellerrand. Da ist es unheimlich hilfreich, wenn jemand von außen
die Dinge plötzlich ganz anders sieht und unbelastet an die Sache
herangeht. Für einen festangestellten Manager ist ein objektives Betrachten
der Sache nicht mehr möglich. «

Gudrun Niewel, ehemals kaufmännische Leiterin und Personalverantwortliche der Carl Robert Eckelmann AG

Die Verhaltensunsicherheit lässt sich bei Restrukturierungsmandaten dadurch reduzieren, dass der Erfolg des Interim Managers messbar ist und sich aus den Key Performance Indicators (KPI) unmittelbar ablesen lässt. Diese wiederum minimieren den opportunistischen Spielraum des Managers. Da es sich bei Restrukturierungsmandaten darüber hinaus meist um zeitlich befristete Aufgaben handelt, sind aus Sicht der Transaktionskostentheorie sämtliche Kriterien erfüllt:

▸ Messbarkeit der Leistung (geringe Verhaltensunsicherheit)

▸ Umfangreiche Turnaround-Erfahrung, die über Unternehmensgrenzen hinweg anwendbar ist (geringe Spezifität)

▸ Zeitlich befristete, seltene Aufgabe (geringe Häufigkeit)

Restrukturierungsmandate stellen demzufolge idealtypische Aufgaben für Interim Management dar.

Projektmanagement

Nach Kuster et al. (2006: 53) weisen Projekte u.a. folgende Merkmale auf:

▸ Projekte sind einmalig terminiert, d.h. zeitlich begrenzt und unter Termindruck

▸ Projekte sind komplex: Sie überschreiten die gewöhnliche Organisationsstruktur der Linie und tangieren so verschiedene Disziplinen und Verantwortungsbereiche

▸ Projekte sind außergewöhnliche Aufgaben, nicht Routine

▸ Projekte brauchen außerordentliche Ressourcen bezüglich Wissen, Personal und Finanzen

▸ Projekte sind schwierig zu planen und zu steuern, verlangen besondere organisatorische Maßnahmen sowie periodisch klare und eindeutige Entscheide

Aus dieser Definition ist ersichtlich, dass Projekte häufig den Rahmen einer bestehenden Linienorganisation sprengen und sich somit grundsätzlich für den Einsatz von Interim Management eignen. Die Eignung setzt jedoch voraus, dass es sich um eine Aufgabe handelt, die wenig unternehmensspezifische Kenntnisse abverlangt, also eher die Neueinführung einer Software als die Überarbeitung einer bestehenden Softwarelösung, eher ein erstmaliger Börsengang als eine wiederholte Kapitalerhöhung, eher die Einführung einer neuen Produktionstechnik als die Optimierung eines laufenden Produktionsverfahrens. Bei Projekten, die die transaktionskostentheoretischen Kriterien der geringen Spezifität, Verhaltensunsicherheit und Häufigkeit erfüllen, stellt der Einsatz eines Interim Managers eine effiziente Lösung dar.

> *» Mitte der 90er-Jahre ging es mehr um Nachfolgeregelungen, Verlagerung von Betriebsstätten und Schließungen. Seit 2000 nimmt immer mehr das weltweite Projektmanagement zu. «*
>
> **Helmut Stamm**, Interim Manager

Interim Manager besitzen nicht nur vielfältige Erfahrungen im Projektmanagement, sondern auch die für das jeweilige Projekt erforderliche Fachexpertise. So können Unternehmen durch den Einsatz von Interim Managern auf so genannte Best Practice zurückgreifen. Interim Manager, die bestimmte Projekte schon in verschiedenen Unternehmen und Branchen durchgeführt haben, besitzen intime Kenntnisse über die Erfolgsfaktoren und Stolpersteine genau dieser Projektaufgaben. Interim Manager bieten sich somit insbesondere dann an, wenn für eine erfolgreiche Realisierung von Projekten weniger unternehmensspezifisches Wissen als vielmehr die Erfahrung mit ähnlichen Projekten zielführend ist. Würden dagegen interne Führungskräfte mit dem Projekt betraut, müssten sie sich erst mit den bekannten Friktionen eines „Trial and Error" in die neue Aufgabenstellung einarbeiten.

Gleichzeitig tritt bei dem Einsatz interner Manager das Problem auf, dass sie aus ihrer eigentlichen Tätigkeit abgezogen werden und dort eine Lücke hinterlassen, die wiederum geschlossen werden muss. Damit ist das Engpassproblem nicht gelöst, sondern nur verschoben, verbunden mit einer Kette von Aufgabenumverteilungen und Mehrbelastungen für die Mitarbeiter. Die Festeinstellung eines Managers, als Alternative zum Einsatz eines Interim Managers, wirft die Frage nach der Verwendung dieser Managementkapazitäten nach Abschluss des Projektes auf. Aus transaktionstheoretischer Sicht stellt sich die Frage, ob es häufig genug ähnliche Projekte gibt, um eine Führungskraft permanent zu beschäftigen.

Diese Ausführungen untermauern, dass auch das Projektmanagement eine Aufgabenstellung ist, die von Interim Managern übernommen werden kann.

Überbrückung von Vakanzen

Auch bei vakanten Führungspositionen wird häufig auf das Tool Interim Management zurückgegriffen, um einen dauerhaften oder temporären Personalbedarf zu überbrücken. Dauerhafte Vakanzen können durch unerwartete Kündigungen oder im schlimmsten Fall durch Versterben eines Managers entstehen. Temporäre Vakanzen ergeben sich hingegen bei Krankheit oder Elternzeit einer Führungskraft (Ribbert 1995: 52).

Folgt man wiederum der transaktionskostentheoretischen Argumentation, so steht bei der Überbrückung einer vakanten Führungsposition ganz klar die Einmaligkeit bzw. Seltenheit dieses Ereignisses im Vordergrund. Bei der Besetzung ist das unternehmensspezifische Wissen zweitrangig, da es sich in der Regel um gut laufende Unternehmen handelt und keine unternehmerischen Krisen zu bewältigen sind. Die Priorität liegt vielmehr auf einer sehr zeitnahen Lösung zur Überbrückung der Vakanz.

Da bei der Besetzung vakanter Managementpositionen Führungskräfte häufig von anderen Unternehmen abgeworben werden müssen, kann der Recruitingprozess schon mal bis zu einem Jahr dauern. Interim Manager sind ein geeignetes Instrument zur Überbrückung dieses Zeitraumes, da sie kurzfristig disponibel sind und die Aufgaben dank ihrer langjährigen Managementerfahrung so reibungsfrei bewältigen, dass die Fluktuation in der Führungsposition im Unternehmensalltag kaum wahrgenommen wird.

Der Interim Manager muss das Schiff auf Kurs halten, selbst wenn der Kapitän überraschend von Bord gegangen ist. Von ihm wird in den Monaten der Überbrückung in der Regel nicht verlangt, neue Wege oder Manöver einzuschlagen, die nur durch eine intime Kenntnis des Schiffes erfolgreich umzusetzen sind. Dies wird eher die Aufgabe des neu zu rekrutierenden Kapitäns sein.

Interim Management wird bei Vakanzen also nicht zur Behebung eines Management-Defizits eingesetzt, sondern zur Überbrückung des Zeitraumes, den das Unternehmen für die Suche eines geeigneten Nachfolgers benötigt.

Aus dieser Perspektive heraus sind Interim Manager sehr gut für die Überbrückung temporärer Vakanzen geeignet. Insbesondere dann, wenn ein Unternehmen keine Manager auf Vorrat hält oder die entstehende Mehrarbeit nicht auf die internen Mitarbeiter verteilen will bzw. kann. Eine permanente Besetzung dauerhaft vakanter Positionen mit Interim Managern ist jedoch eher unwahrscheinlich, da Interim Manager im Vergleich zu festangestellten Führungskräften teurer sind. In solchen Fällen sollte abgewogen werden, ob der Person des Interim Managers nicht eine dauerhafte Anstellung angeboten wird.

Kommentar »»

Wolfgang Thost

Perspektive des Interim-Management-Dienstleisters

Die Möglichkeiten, quantitative wie qualitative Führungsengpässe zu überbrücken, werden auch in großen Unternehmen noch viel zu wenig genutzt. Dort gibt es oft Nachfolgesituationen, die eine ganze Rochade nach sich ziehen, wenn man die Positionen aus den eigenen Reihen besetzt: A geht nach B, B geht nach C, C geht nach D und so weiter. In dem Augenblick, wo man an eine Stelle kommt, in der z.B. A noch nicht so weit ist, direkt nach B zu gehen, ist das Spiel beendet. Nur weil ein Baustein im Puzzle fehlt, kommt das neue Bild gar nicht erst zustande.

Hat der Personalmanager dagegen das Tool Interim Management an der Hand, verfügt er über ganz neue Optionen:

▸ A entwickelt sich auf seiner Stelle zunächst fort,

▸ B wird zeitlich begrenzt durch einen Manager auf Zeit ersetzt, bis A soweit ist,

▸ so dass B sofort nach C und

▸ C sofort nach D gehen kann.

Dies ist nur ein Beispiel, das zeigt, wie Management auf Zeit Handlungsalternativen eröffnet, die sonst nicht bestanden hätten.

Der Transaktionskosten-Kubus mit seinen drei Dimensionen Spezialisierung, Verhaltensunsicherheit und Häufigkeit (vgl. Abb. 18) gibt Aufschluss über die Art der Aufgaben von Interim Managern.

a) Spezialisierung: Diese Komponente nimmt unabhängig vom Thema Management auf Zeit auch in Deutschland an Bedeutung immer mehr ab. Auch Feststellen-Lebensläufe weisen heute einen häufigeren Wechsel der Unternehmen und eine kürzere Verweildauer auf.

b) Verhaltensunsicherheit: Der Begriff lädt zu Missverständnissen ein. Hier ist nicht der Handlungsspielraum gemeint, den eine Führungskraft oder ein Manager bei der

Zielerreichung haben. Gemeint ist das Ziel selbst. Ist das Ziel des Mandats eindeutig und klar, ist die Verhaltensunsicherheit gering. Ist es dagegen noch unbestimmt, ist die Verhaltensunsicherheit groß.

c) Häufigkeit: Seltene Aufgaben werden vorzugsweise mit externem Know-how gelöst, Standardaufgaben gehören ins Repertoire der festangestellten Manager.

Die idealtypische Konstellation für Interim Management sieht wie folgt aus:

▸ Spezifität gering, d.h. unternehmensspezifisches Wissen ist nicht unbedingt erforderlich, manchmal sogar hinderlich. Stattdessen ist unternehmens- oder sogar branchenübergreifende Erfahrung gefragt.

▸ Verhaltensunsicherheit gering, d.h. es gibt eine klar umrissene Aufgabe, die zwar Handlungsspielraum bei der Zielerreichung bietet, das Ziel als solches ist aber klar und eindeutig.

▸ Häufigkeit gering, d.h. die Aufgabe gehört nicht zum Unternehmensalltag.

Sanierungen und Restrukturierungen sind klassische Beispiele hierfür, aber nicht die einzigen. Management auf Zeit ist Projektmanagement auf höchstem Niveau. Projektarbeit wie das Ausrollen einer Software, der Aufbau eines neuen Gebiets oder die Entwicklung eines neuen Produkts gehören zu den klassischen Interim-Management-Aufgaben. Die Erschließung neuer Märkte, der Aufbau neuer Geschäfte, die Neuordnung einer Produktion und viele andere, artverwandte Themen fallen in die gleiche Kategorie.

Das heißt nicht, dass Interim Manager nicht auch andere Dinge tun können. Dazu gehören beispielsweise reine Überbrückungsaufgaben ohne Projektcharakter, die ursprünglich einmal begriffsbildend wirkten. Auch hier kann es durchaus Verhaltensunsicherheit geben. Das Ziel ist häufig offen, sofern man es nicht lapidar mit „weitermachen" definiert. So ist auch unternehmensspezifisches Wissen keineswegs hinderlich, nur die Häufigkeit ist zum Glück gering.

Mit Hilfe der Transaktionskostentheorie lässt sich auch die Entscheidung zwischen dem effizienten Einsatz von Interim Managern und dem sinnvollen Beratereinsatz begründen. Häufig wird argumentiert, Interim Management und Beratung gingen ineinander über. Wir sehen das nicht so. (vgl. Kapitel 6)

Die Verwechslung der beiden Tools geschieht wahrscheinlich deshalb so leicht, weil sich Beratung und Interim Management in zwei von drei Dimensionen gleichen:

▶ Beide werden nicht regelmäßig, sondern eher selten und nur bei Bedarf eingesetzt (geringe Häufigkeit).

▶ In beiden Fällen kommt es weniger auf unternehmensspezifisches Wissen als auf unternehmens- oder branchenübergreifende Kenntnisse und Erfahrungen an (geringe Spezifität).

Im dritten Merkmal jedoch, in der Verhaltensunsicherheit und der Messbarkeit der Aufgabenerfüllung, unterscheiden sich Beratung und Interim Management.

▶ Berater werden geholt, wenn weder das Problem noch das Ziel, geschweige denn die Strategie klar sind. Berater lösen also ein Analyseproblem.

▶ Interim Manager werden geholt, wenn das Problem weitgehend klar ist, das Ziel eindeutig formuliert und eine Strategie zumindest skizziert ist und der Umsetzung harrt. Interim Manager lösen Umsetzungsprobleme. Ihr Erfolg kann an Meilensteinen und KPI (Key Performance Indicators) abgelesen werden.

Natürlich entwickeln auch Berater Strategien, deren Umsetzung sie gelegentlich begleiten. Ebenso braucht natürlich auch ein Interim Manager ein gutes analytisches Verständnis, um Problemlösungen zu Ende zu denken und vielleicht sogar anzupassen, bevor er sie umsetzt. Die unterschiedlichen Schwerpunkte beider Ansätze dürften aber klar sein.

«««« Fall

Interimistischer Leiter Vertriebscontrolling

▸ **Kunde:** Deutscher Sparkassen Verlag GmbH

▸ **Zeitraum:** Dezember 2006 bis Juni 2009

▸ **Einsatzort:** Stuttgart-Vaihingen

▸ **Größe des Unternehmens:** 1.700 Mitarbeiter, 780 Mio. Euro Umsatz in 2008, acht Tochter- und Beteiligungsgesellschaften und sechs Vertriebsgeschäftsstellen

Die Aufgabe

Die Deutscher Sparkassen Verlag GmbH (DSV) strukturiert sich in die drei Geschäftssparten Kartensysteme, Medien und Systemhaus. Jeder Geschäftsbereich unterhält eine eigene, produktorientierte Vertriebsorganisation. Um die Koordination im Außenauftritt und die Kompetenz übergreifender Lösungen zu forcieren, hat der DSV entschieden, den Vertrieb der drei Sparten zusammenzulegen. Mit der Zusammenführung soll eine zentrale Einheit aufgebaut sowie ein professionelles Vertriebscontrolling aufgebaut und implementiert werden.

Unternehmensprofil

Die DSV-Gruppe, die sich aus dem Deutschen Sparkassenverlag sowie seinen Tochter- und Beteiligungsunternehmen zusammensetzt, zählt zu den zehn umsatzstärksten Medienhäusern Deutschlands. Als spezialisierter Lösungsanbieter für die Unternehmen und Verbände der Sparkassen-Finanzgruppe bietet die DSV-Gruppe klassische Verlagsmedien wie Bücher, Ratgeber, Fach- und Kundenzeitschriften sowie organisatorische Medien wie Vordrucke, technische Geräte und Bankkarten. Ergänzt wird das Leistungsportfolio durch informatikgestützte Dienstleistungen, Internet- Angebote, elektronische Beratungssysteme sowie Full-Service-Agenturleistungen inklusive Kommunikationskonzepte und PR-Events. Alle Geschäftssparten sowie Tochter- und Beteiligungsunternehmen verfolgen ein gemeinsames Ziel: den konsequent auf Kundennähe ausgerichteten Unternehmen der Sparkassen-Finanzgruppe maßgeschneiderte Lösungen anzubieten.

Interview mit Jürgen Schneider
Geschäftsführer Deutscher Sparkassen Verlag GmbH

Herr Schneider, in welcher unternehmerischen Situation haben Sie sich für den Einsatz eines Interim Managers entschieden?

Die DSV gliedert sich in die drei Geschäftssparten Kartensysteme, Medien und Systemhaus. Jede der drei Sparten unterhielt eine eigene, produktorientierte Verkaufsmannschaft. Die Vertriebsstruktur war jedoch nicht effizient genug und die Abstimmung der Geschäftsbereiche nicht immer einfach.

In dieser Situation haben Sie sich an einen Dienstleister gewandt, um einen Vertriebsspezialisten an Bord zu holen.

Ja, wir hatten uns entschlossen, den Vertrieb der drei Geschäftssparten zusammenzulegen, um die Koordination im Außenauftritt und die Kompetenz übergreifender Lösungen zu forcieren. Also suchten wir einen durchsetzungsstarken Manager auf Zeit mit langjähriger Vertriebserfahrung, der als Leiter Vertriebscontrolling dem Geschäftsführer Vertrieb unterstellt ist und die neue Organisationsstruktur einführt und steuert.

Welche Zielvorgaben stellten Sie an den interimistischen Leiter Vertriebscontrolling?

Er sollte den Vertriebsgeschäftsführer beim Durchsetzen einer einheitlichen Vertriebsstrategie unterstützen. Vorrangiges Ziel war die Implementierung geeigneter Steuerungskennzahlen in Form von KPI. Dazu mussten die operativen Ziele der neuen zentralen Vertriebseinheit festgelegt und auf die einzelnen Geschäftsstellen heruntergebrochen werden. Ebenso wichtig war die Überarbeitung bzw. Neugestaltung der Informations-, Genehmigungs- und Abwicklungsprozesse. Und zwar nicht nur zwischen den leistungsbereitstellenden Sparten und den Verkaufseinheiten, sondern auch spartenübergreifend bei komplexen Lösungen. Ein weiteres Ziel war die Planung und der Aufbau einer Vertriebskanalsteuerung.

Wie steuerte der Interim Manager das Projekt?

Wir haben das Projekt erfolgsorientiert nach inhaltlichen Abschnitten aufgesetzt. In einer ersten Phase ist es dem Manager sehr schnell gelungen, die Organisationsstruktur aufzustellen und die Grundlagen für das Vertriebscontrolling zu schaffen. Er hat darüber hinaus die Vertriebsstrategie angepasst und leistungsfördernde Maßnahmen eingeleitet, um den Vertrieb für den zunehmenden Wettbewerb fit zu machen. Mit Projektabschluss sollte er die Einheit dem künftigen festangestellten Leiter übergeben. Da unser Interim Manager alles sehr erfolgreich aufgebaut hat, haben wir uns entschieden, seinen Einsatz zu verlängern. Er ist jetzt auch in den einzelnen Niederlassungen, z.B. in Hannover oder Offenbach tätig, um den neuen Vertrieb vor Ort zu begleiten und zu steuern. Durch seine aktive und konsequente Kommunikation gelingt es ihm, das Bewusstsein bei den Geschäftsstellenleitern für die Notwendigkeit eines aktiven Controllings zu schaffen und für die nötige Akzeptanz zu sorgen.

Was waren die wesentlichen Aufgabenstellungen und Herausforderungen im Projekt?

Nach der Zentralisierung des Vertriebs der drei Geschäftssparten der Deutsche Sparkassen Verlag GmbH musste das Vertriebscontrolling von Grund auf neu aufgebaut werden. Das war eine komplexe Aufgabenstellung und musste trotz eines Produktspektrums mit immerhin 10.000 Produkten, 34.000 Materialnummern und über 500 Kunden (darunter die Sparkassen, Landesbanken, Verbundpartner, aber auch weitere Kunden) aussagekräftig sein. Wir waren uns alle einig, dass die echte Priorität nicht allein im Aufbau des Vertriebscontrollings zu sehen war, sondern vor allem in der aktiven Vertriebssteuerung.

Wo sehen Sie die besten Ergebnisse und die größten Fortschritte durch den Einsatz des Interim Managers?

Durch den Einsatz des Interim Managers konnte die Vertriebssteuerung bereits nach vier Monaten die wesentlichen Steuerungsinstrumente nutzen. Die Kundenzuordnung wurde neu geregelt, es gibt nun einen einzigen Kundenverantwortlichen. Vertriebskennziffern wurden definiert und ein dazugehörendes Berichtswesen direkt im SAP BW bzw. CRM aufgebaut. Dies führte auf allen Ebenen schnell zu einer deutlichen Transparenzsteigerung. Erstmalig in der DSV-Geschichte wurden die Planvorgaben des laufenden Geschäftsjahres auf Einzelkunden und Geschäftsfelder heruntergebrochen. Alle Planzahlen waren anschließend im SAP verfügbar. Die Vertriebsmitarbeiter werden mittlerweile nach Zielerreichungsgrad je Gebiet gesteuert, und Kundenbesuche wurden im Vergleich zum Vorjahr verdreifacht.

Wie gestaltete sich die interne Zusammenarbeit mit dem Interim Manager?

Der Interim Manager wurde unterstützt durch ein Team von vier Mitarbeitern, das aus ehemaligen Controllern und Mitarbeitern der einzelnen Sparten bestand. Die Zusammenarbeit war sehr konstruktiv. Das Team kam schnell von der Diskussions- in die Umsetzungsphase. Insgesamt war die Akzeptanz des Interim Managers – auch bei den Senior-Vertriebsmanagern des DSV – sehr hoch.

Würden Sie Interim Management wieder einsetzen oder anderen Unternehmen empfehlen?

Ja, auf jeden Fall. Ich bin der festen Überzeugung, dass bei speziellen Aufgabenstellungen, wie etwa in diesem Fall einer internen Umstrukturierung bzw. Neuausrichtung, der externe Experte einen wesentlich besseren Blick und die Methodik für eine gute und schnelle Lösung mitbringt.

« Konzept

Rüdiger Kabst / Wolfgang Thost / Rodrigo Isidor

Der erfolgreiche Interim Manager: Was zeichnet ihn aus?

Das Geheimrezept für den idealen Interim Manager haben wir – wenig überraschend – auch nicht. Allerdings ist ein Blick auf die Schlüsselkompetenzen hilfreich, um den bestmöglichen Interim Manager für die jeweilige unternehmerische Herausforderung zu finden. Vorausgesetzt, dass die personalen und umsetzungsorientierten Kompetenzen jedem Interim Manager im Blut liegen, sollten Dienstleister und Unternehmen die fachlich-methodischen und sozial-kommunikativen Kompetenzen der in Frage kommenden Kandidaten prüfen.

Die fachlich-methodischen Kompetenzen befähigen den Interim Manager, neuartige Probleme eigenständig zu bewältigen. Die sozial-kommunikativen Kompetenzen ermöglichen ihm, seine Ziele durchzusetzen. Ein Interim Manager wird nicht mit diesen Kompetenzen geboren, sondern erlangt sie erst durch jahrelange Führungserfahrung in den entsprechenden Branchen und Positionen. Die Interim-Management-Dienstleister haben dies erkannt und setzen nach Möglichkeit überqualifizierte Manager ein, die komplexere Aufgaben bereits wiederholt erfolgreich bewältigt haben. Dadurch ist der Erfolg des Projekts gewährleistet, und das Unternehmen kann nachhaltig das Wissen des Interim Managers im Unternehmen implementieren und nach Fortgang des Interim Managers in Routinen sichern.

In der Fallstudie suchte das Gewürzwerk Raps GmbH & Co. KG für das Outsourcing sämtlicher Logistikaktivitäten einen interimistischen Projektleiter. Obwohl die Verhandlungen mit einem externen Dienstleister bereits im Gange waren, stellte der Interim Manager mit seinem Lösungsvorschlag eine Alternative zu den bisherigen Plänen vor. Seine Eigenschaften Kreativität und Offenheit in Kombination mit umfangreicher Berufserfahrung und einer zielgerichteten Vorgehensweise führten nicht nur zur erfolgreichen Auslagerung des Logistikbereichs in eine Tochtergesellschaft, sondern sicherten obendrein 55 Arbeitsplätze.

Was für ein Typ ist der typische Interim Manager? Welche Eigenschaften besitzt er? Was macht ihn erfolgreich? Diese Fragen gehören zweifelsohne zu den spannendsten und zugleich kontroversesten nicht nur im Interim Management, sondern grundsätzlich in der Leadership-Diskussion. Seit geraumer Zeit wissen wir, dass eine simple Orientierung an Persönlichkeitseigenschaften wie Intelligenz, Attraktivität, Ehrgeiz oder

Selbstvertrauen in der Sackgasse endet. Den einen Mann für alle Fälle gibt es nicht. Eigenschaften einer Führungspersönlichkeit, die in jedweder Situation ideal greifen, gehören in das Land des Märchens.

Uns interessieren nicht nur die persönlichen Eigenschaften einer Führungskraft, sondern die Frage, ob sie ihr Verhalten an die jeweilige Situation anpassen kann. Spätestens seit der Kontingenztheorie besteht die Einsicht, dass ein „Situational Engineering" notwendig ist, d.h. für die jeweilige berufliche Herausforderung die passende Führungskraft gesucht werden muss. Am offensichtlichsten wird dies bei der Restrukturierung eines Unternehmens durch einen Interim Manager. Dem bestehenden Management wird in diesem Fall nicht zugetraut, den Turnaround zu schaffen, zumeist nicht nur wegen des fehlenden Erfolgs in der Vergangenheit, sondern auch wegen der Erfordernisse der speziellen Situation.

Das entscheidende Kriterium für das Matching zwischen Interim Manager und unternehmerischer Herausforderung ist das Know-how, das der Kandidat mitbringt. Es geht also nicht um die schlechthin perfekte Führungskraft. Dieses Ziel wäre unerreichbar. Der richtige Interim Manager ist die Person, die die Kompetenzen für die konkrete Aufgabe mitbringt.

Kompetenzen werden hierbei als Dispositionen selbstorganisierten Handelns verstanden. Sie umfassen sämtliche Fähigkeiten, Wissensbestände und Denkmethoden, die notwendig sind, um Arbeitssituationen jenseits der Routine erfolgreich zu bewältigen. Kompetentes Verhalten eines Interim Managers ist dann zu erkennen, wenn er sein Wissen, seine Fähigkeiten und Fertigkeiten so anzuwenden weiß, dass er seine Mandate zur Zufriedenheit des Auftragsunternehmens erfüllt.

Kompetenzen dürfen nicht mit Qualifikationen oder Persönlichkeitseigenschaften verwechselt werden. Während der Begriff der Qualifikation eine Zertifizierbarkeit und die fremdorganisierte Vermittlung von Fertigkeiten beinhaltet, sind Kompetenzen immer kontextabhängig. Sie zeigen sich erst im konkreten Handeln in einer bestimmten Situation. Ein Stapel Prädikatszeugnisse gibt einem Unternehmen nur sehr wenig Aufschluss darüber, ob sich ein Interim Manager in einem Mandat kompetent verhalten wird. Bei der Auswahl kommt es vor allem darauf an, was der Manager bereits geleistet hat. Ebenso ist es für ein Unternehmen unbedeutend, ob der Interim Manager ein „Great Man" ist oder nicht, solange er das gewünschte Verhalten zeigt.

Kompetenzen: Welche sind zu unterscheiden?

Im beruflichen Alltag spielt eine Vielzahl von Kompetenzen eine Rolle. Erpenbeck und von Rosenstiel (2003) unterscheiden folgende Kompetenzklassen:

▸ Personale Kompetenzen

▸ Fachlich-methodische Kompetenzen

▸ Sozial-kommunikative Kompetenzen

▸ Aktivitäts- und umsetzungsorientierte Kompetenzen

Personale Kompetenzen sind Dispositionen, reflexiv und selbstorganisiert zu handeln. Für den Interim Manager bedeutet dies, produktive Ziele und Werte zu entwickeln sowie eigene Begabungen und Motivationen kritisch einzuschätzen. Selbstüberschätzung würde nicht nur die erfolgreiche Durchführung des Mandats gefährden, sondern auch langfristig seiner Reputation schaden.

> *» Wenn ich jetzt beispielsweise in ein Projekt ginge, um den Aufbau einer Chemiefabrik zu leiten, würde ich scheitern. Das kann ich nicht, und das will ich auch nicht. Man muss seine eigenen Fähigkeiten schon gut einschätzen können. «*
>
> **Jürgen Stickel**, Interim Manager

Unter den **fachlich-methodischen Kompetenzen** werden nach Bunk (1994) sämtliche Kenntnisse, Fertigkeiten und Fähigkeiten subsumiert, die erforderlich sind, um Aufgaben am Arbeitsplatz adäquat zu lösen, eigenständig Lösungswege zu ergründen und Erfahrungen auf neue Probleme zu übertragen. Gerade Interim Manager werden auf Grund der wechselnden Mandate immer wieder mit neuen Problemen konfrontiert. Nur in den seltensten Fällen können sie Problemlösungsmechanismen eins zu eins auf ein anderes Mandat übertragen. Stattdessen müssen sie ihr Methodenwissen ständig situationsgerecht und flexibel einsetzen, um bekannte Probleme in neuem Kontext zu lösen. Dabei wendet der Interim Manager seine Methodenkompetenz nicht nur an, sondern entwickelt sie in jedem Mandat weiter. So steigert er kontinuierlich seinen Marktwert und zugleich den Mehrwert für die Auftragsunternehmen.

> *» Natürlich sammle ich ständig Erfahrungen und schöpfe aus jedem Mandat. Wenn Firma X eine gute Methodik benutzt, die man auch anderswo einsetzen kann, dann implementiere ich sie nach Möglichkeit auch in Mandaten anderer Branchen. «*
>
> **Hans-Jürgen Bork**, Interim Manager

Dieser ständig wachsende Erfahrungsschatz ist besonders wichtig, weil ein Interim Manager immer dann geholt wird, wenn ein dringendes Problem schnell und absolut zuverlässig zu lösen ist. Daher sollte er eine vergleichbare Aufgabe schon mehrfach, am besten in noch komplexeren Situationen gelöst haben. Man nimmt eine gewisse Überqualifikation nicht nur in Kauf, sondern strebt sie gezielt an. Für eine Interimsposition ist das Teil der Stellendefinition. Man setzt das ein, was man schon kennt und kann. Wenn auch effektiver und vielleicht effizienter als bisher, und natürlich angereichert um neue, kreative Elemente.

» Interim Manager wollen umsetzen. Wollten sie analysieren,
wären sie Berater geworden. «

Stephan Mayer, Interim Manager

Einen Branchenwechsel planen Interim Manager nicht mehr, es sei denn, sie haben die entsprechende Branche schon früher in ihrem Lebenslauf abgedeckt. Eine Ausnahme, die diese Regel bestätigt, mögen die Positionen des CFO, CRO und HR-Managers sein, deren Know-how branchenübergreifend ist. Aber auch hier sind natürlich Branchenkenntnisse von Vorteil.

Eine weitere wichtige Dimension ist die **sozial-kommunikative Kompetenz.** Nach Asendorpf (2007) besteht sozial-kommunikative Kompetenz, häufig auch soziale Intelligenz oder Social Skills genannt, aus zwei Komponenten, die durchaus im Widerspruch zueinander stehen: Durchsetzungsfähigkeit, d.h. die Fähigkeit, die eigenen Interessen gegenüber anderen zu wahren, und Kooperationsfähigkeit, d.h. die Fähigkeit, positive Beziehungen mit anderen einzugehen und aufrechtzuerhalten.

» Also kooperationsfähig sollten Sie schon sein. Bei einem Projekt müssen
Sie Kompromisse schließen, schließlich arbeiten Sie mit vielen
Menschen zusammen. Sie können nicht immer Ihren Kopf durchsetzen.
Ein gewisses Durchsetzungsvermögen schadet allerdings auch nicht. «

Jürgen Stickel, Interim Manager

Ein Interim Manager weist dann eine hohe sozial-kommunikative Kompetenz auf, wenn er beide Fähigkeiten zu vereinigen weiß. Dies ermöglicht ihm, eine Balance zwischen seinen eigenen Interessen und denen anderer herzustellen. Kompromissloses Durchsetzen eigener Ziele geht langfristig auf Kosten von Kooperationen und Beziehungen.

» Auf der einen Seite muss sich der Interim Manager durchsetzen können, auf der anderen Seite darf er nicht mit Rambo-Manieren durchs Unternehmen gehen. Sonst lassen ihn die Mitarbeiter ganz schnell auflaufen. «

Geschäftsführender Gesellschafter eines Automobilzulieferers

Umgekehrt ist auch der Versuch, es allen recht zu machen, wenig zielführend bei der Durchsetzung der Problemlösung. Die Balance dieses Drahtseilaktes hängt wesentlich von der Aufgabe ab. So überwiegt beispielsweise in der Restrukturierung die Durchsetzungsfähigkeit, während in interdisziplinären Wachstumsprojekten die Kooperationsfähigkeit zum Heben von Synergien gelebt werden muss.

» Neben der Fachkompetenz muss der Interim Manager auch soziale Kompetenz haben. Das ist ganz wichtig, da er schnell mit Teams zusammenarbeiten muss. Daher sollte er ein Stück weit weniger Alphatier sein. «

Markus Schmid, damaliger CEO und President der Tele Columbus Gruppe

Die **aktivitäts- und umsetzungsorientierten Kompetenzen** sind für Interim Manager unverzichtbar. Sie sind der innere Antrieb, um die eigenen oder gemeinsamen Handlungen erfolgreich in Gang zu setzen. Der Interim Manager bündelt sämtliche Kompetenzen und erstellt auf dieser Basis nicht nur Handlungspläne, sondern setzt sie auch selbstorganisiert und aktiv um. Es verwundert nicht, dass Interim Manager in Insiderkreisen als „fröhliche Hochleister" oder „Selbststarter" gelten, die keiner Aufforderung bedürfen, um aktiv zu werden.

» Ein Interim Manager arbeitet seine Zeitschiene ab, und alle Probleme, die ihm in dieser Zeit über den Weg laufen, versucht er zu lösen. «

Joachim Knospe, Interim Manager

Wie werden diese Kompetenzen erworben?

Kompetenzen sind weder angeboren noch stehen sie im Lehrbuch. Interim Manager erlangen die relevanten Kompetenzen durch langjährige Managementerfahrung. Dies ist sicherlich mit eine Erklärung dafür, dass erfolgreiche Interim Manager im Durchschnitt über 50 Jahre alt sind (DDIM 2007). Aussagekräftige Referenzen von erfolgreichen Mandaten dienen als Beleg für Kompetenz. Je umfangreicher die gesammelten Erfahrungen, desto facettenreicher sind auch die Kompetenzen. Daher sollten Interim-Management-Dienstleister vor allem solche Manager in ihr Netzwerk aufnehmen, die über weitreichende Erfahrungen in verschiedenen Bereichen verfügen.

» Wir suchen keine Schmalspur-Manager, sondern Menschen,
die viel gesehen und erlebt haben. «

Frank Möbius, Partner Atreus

Dies bedeutet jedoch nicht, dass Manager, die alle zwei Jahre ihren Arbeitsplatz gewechselt haben, sich automatisch als Interim Manager eignen. Eine qualitativ hochwertige Führungs- und Branchenerfahrung wird in jedem Fall erwartet.

Auch die von uns befragten Unternehmen, die Interim Manager eingesetzt haben, bestätigen die Bedeutung von langjähriger Erfahrung.

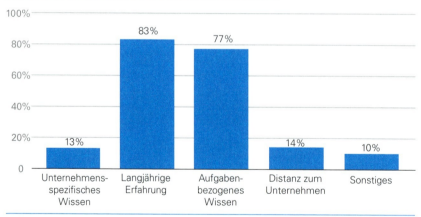

Langjährige Erfahrung zeichnet Interim Manager aus

Quelle: Eigene Erhebung

Abb. 20: Was zeichnet einen Interim Manager aus?

Garantieren Kompetenzen den Erfolg des Interim Managers?

In unserer Studie haben wir untersucht, ob die fachlich-methodischen und sozialen Kompetenzen Einfluss auf den Erfolg der Interim Manager haben. Beide Kompetenzen wurden von den befragten Unternehmen als Schlüsselkompetenzen definiert.

> *» Der Interim Manager muss eine große Portion Methoden- und Sozialkompetenz haben. Sozialkompetenz, weil er relativ schnell in einem sozialen Umfeld agieren und Akzeptanz finden muss. Methodenkompetenz, weil ihm oft gar nichts anderes übrigbleibt, als sich aus den unvollständigen Informationen, die er bekommt, einen Fahrplan zu basteln. «*
>
> **Klaus Sokollik**, Zentralbereichsleiter Personal, Service und Organisation
> Deutscher Sparkassen Verlag GmbH

Dabei schätzten die befragten Unternehmen den Einfluss der fachlich-methodischen Kompetenzen mit 58 Prozent etwas höher als den der sozial-kommunikativen (42 Prozent) ein.

Fachliche Kompetenz und eine reife Persönlichkeit sind Erfolgsfaktoren

Quelle: Eigene Erhebung

Abb. 21: Einfluss der Kompetenzen auf den Erfolg des Interim Managers

> *» Man muss die Menschen mitnehmen. Dazu muss man ein Psychologe sein, um die entscheidenden Methoden und das Fachwissen richtig rüberzubringen. «*
>
> **Hans-Jürgen Bork**, Interim Manager

Die große Bedeutung fachlich-methodischer sowie sozial-kommunikativer Kompetenzen haben auch Interim-Management-Dienstleister erkannt. Ganz gezielt versuchen sie, Interim Manager zu empfehlen, die sich bereits in anspruchsvolleren und
komplexeren Situationen bewährt haben. Diese bereits erwähnte Überqualifikation
gewährleistet, dass die empfohlenen Interim Manager die Kompetenz besitzen, die
Probleme des Auftragsunternehmens schnell und gezielt zu lösen.

» *Wir setzen bewusst überqualifizierte Interim Manager ein, weil wir immer in*
kritischen Situationen tätig sind. Das trägt maßgeblich dazu bei, dass wir
wichtige Projekte unserer Klienten sicher zum erwarteten Ergebnis führen und
unsere Klienten in hohem Maß zufriedenstellen. «

Rainer Nagel, Managing Partner Atreus

Die Unternehmen erwarten sogar eine gewisse Überqualifikation des Interim Managers. Schließlich ist es häufig die fehlende Kompetenz der internen Mitarbeiter, die
seinen Einsatz überhaupt erforderlich macht.

» *Das ist ja auch gerade der Grund, warum man so jemanden Überqualifizierten*
holt. Man will damit sicherstellen, dass Know-how reinkommt. Wenn ich mir
einen unterqualifizierten Interim Manager hole, mache ich was falsch, dafür ist
das Instrument zu teuer. «

Markus Schmid, damaliger CEO und President der Tele Columbus Gruppe

»« Kommentar

Harald Linné

Perspektive des Interim-Management-Dienstleisters

Gibt es *den* Manager und *die* Kompetenzen?

Ist ein Interim Manager eine Art James Bond, der als 007 rund um den Globus eine Mission Impossible nach der anderen erledigt? Natürlich nicht. So wie es geeignete und weniger geeignete Manager gibt, gibt es auch geeignete und weniger geeignete Interim Manager. Womit wir bei der Kernfrage wären: Wenn es überhaupt so etwas wie den typischen Interim Manager gibt, was zeichnet ihn fachlich und persönlich aus?

1. Fachlicher Background

Der typische Interim Manager ist ein erfahrener Manager, der entweder Unternehmen oder Unternehmenseinheiten mit einem Umsatz zwischen 100 Millionen und fünf Milliarden Euro selbst geführt oder aufgebaut, oder in solchen Unternehmen Führungsfunktionen wahrgenommen hat. Er hat mindestens zehn, besser 20 Jahre Führungserfahrung gesammelt, und wiederholt operative Verantwortung (Umsatz, Ergebnis, Budget, Mitarbeiter etc.) in unterschiedlichen Situationen (Aufbau, Wachstum, Turnaround/Sanierung) übernommen. Es ist nachvollziehbar, dass ein Unternehmen nur dann die Verantwortung in fremde Hände legt, wenn der Manager seine Karriere in mehr als einem Unternehmen absolviert hat. Folglich sollte der Manager möglichst in verschiedenen Unternehmen, idealerweise in unterschiedlichen Branchen, gearbeitet haben. Wer diese Erfahrung – ähnlich wie ein Berater – mitbringt, kann besser verschiedene Geschäftsmodelle, Unternehmens- und Führungsstrategien einordnen und die Bedeutung und Ausgestaltung einzelner Funktionen einschätzen.

Internationalität

Ein weiteres Kriterium ist die Internationalität. In der heutigen globalen Welt werden Kunden auf verschiedenen Kontinenten bedient, Werke oder Unternehmensprozesse ins Ausland verlagert und Tochtergesellschaften in Europa, Asien und den USA auf- und umgebaut. Daher ist es hilfreich, wenn Interim Manager mchrere Sprachen sprechen und in ihrer vorherigen Karriere bereits für eine gewisse Zeit im Ausland gelebt und gearbeitet haben.

Das Prinzip der Überqualifizierung

Anders als in der Executive Search, wo Manager mit Potenzial für eine zukünftige Rolle entwickelt werden, erfolgt der Einsatz eines Interim Managers nach dem Prinzip der Überqualifizierung. Unternehmen setzen in der Regel dann Interim Manager ein, wenn eigene Führungskräfte nicht verfügbar oder der Aufgabe nicht gewachsen sind. In den seltensten Fällen gelingt ein Turnaround mit den Managern, die das Unternehmen in die Krise geführt haben. Da die Unternehmen keine Zeit für weitere Experimente haben und ein hohes Maß an Umsetzungssicherheit und –geschwindigkeit suchen, werden nur Manager eingesetzt, die die gleiche oder ähnliche Aufgabe schon mehrfach erfolgreich bewältigt haben.

2. Persönliche Eigenschaften

Es gibt viele Eigenschaften (z.B. intelligent, flexibel, kreativ), Einstellungen (z.B. geschäftstüchtig, risikobereit, vorwärtstreibend) und Persönlichkeitsmerkmale (z.B. bodenständig, konzernerfahren, politisch geschickt), die allgemein für Führungskräfte vorteilhaft sind. Im Interim Management stehen jedoch die folgenden Kriterien klar im Fokus:

- Senior-Manager-Qualitäten

- Strategische Weitsicht

- Umsetzungsstärke

- Kommunikationsstärke

- Ergebnisverantwortung

- Flexibilität

Senior-Manager-Qualitäten

Ein Senior Manager zeichnet sich durch ein hohes Maß an Selbständigkeit, Initiative, Gestaltungswillen, Einsatzbereitschaft, Entscheidungsfreude und Professionalität aus. Wer als Interim Manager bei seinem Klienten erfolgreich agieren will, muss diese Grundvoraussetzungen in jedem Fall mitbringen.

Weitere Senior-Manager-Eigenschaften sind Diplomatie, Sensibilität für heikle politische Situationen, Integrationsfähigkeit, Engagement und eine gute Balance zwischen People-Management (d.h. intensive Führung, Motivation und Entwicklung von Mitarbeitern) und Performance-Management (Kosten-Management, KPI, strukturelle Maßnahmen).

Strategische Weitsicht

Interim Manager werden üblicherweise in kritischen Situationen eingesetzt. Sie müssen daher regelmäßig Strategien entwickeln, um die Wirksamkeit ihrer Maßnahmen zu überprüfen und die Machbarkeit von Zielen einzuschätzen. Dazu müssen sie das Vorhandene in Frage stellen, einordnen und bewerten. Diese selbstverständlich scheinende Fähigkeit ist für einen Interim Manager fundamental. Oftmals sind Geschäftsmodelle, Prozesse, Instrumente, Vorgehensweisen und Partnerschaften (z.B. mit Lieferanten, Kunden, Banken) nicht mehr zukunftsfähig, wenn der Interim Manager gerufen wird. Er muss neue Wege beschreiten und wirkungsvolle Initiativen ergreifen, die das Unternehmen zurück auf Erfolgskurs bringen.

Umsetzungsstärke

Interim Manager kümmern sich vor allem um dringliche Themen. Sie setzen Maßnahmen auf und um und lösen potenzielle Konflikte mit Lieferanten, Kunden, Mitarbeitern und dem Betriebsrat. Letztlich geht es darum, in einem konkreten Zeitraum mittels einer Vielzahl operativer Maßnahmen echte Wert- und Ergebnissteigerungen zu erzielen. Der umsetzungsstarke Interim Manager bringt sich selbst in das operative Geschehen ein, er registriert Details und interessiert sich für Fortschritte. Diese Hands-on-Mentalität beinhaltet sowohl nächtliche Arbeitssitzungen mit den Mitarbeitern als auch das gemeinsame Anstoßen auf Meilensteine. Mitarbeiter und Klienten spüren sofort, ob ein Interim Manager umsetzungsstark ist oder ob er alles delegiert und das Ergebnis dem Zufall überlässt.

Kommunikationsstärke

Da sich Interim Manager mit einer Vielzahl von Baustellen auseinandersetzen müssen, ist Kommunikation ein ganz wichtiges Instrument ihrer Arbeit, das häufig unterschätzt wird. Der Interim Manager muss wissen, wie man die einzelnen Interessengruppen (Geschäftsführung, Betriebsrat, Mitarbeiter etc.) kommunikativ geschickt einbindet. Wer etwas bewegen will, muss aus Minderheiten Mehrheiten machen. Immer wieder stellen Interim Manager fest: Betriebsräte sind nicht ausreichend eingebunden, Banken über die aktuelle Lage nur mangelhaft informiert, Informationen an die Mitarbeiter kommen zu kurz usw. Dabei weiß jeder gestandene Interim Manager: Wer kommuniziert, profitiert von den Ressourcen der Mitarbeiter und der Geschäftspartner und ist damit erfolgreicher.

Ergebnisverantwortung

Oft haben die angeschlagenen Unternehmen, die einen Interim Manager zu Hilfe holen, nur noch einen Schuss, der sitzen muss. Sie können nur dann erfolgreich sein, wenn der Interim Manager bereit ist, operative Verantwortung zu übernehmen und sich am Ergebnis messen zu lassen. Gerade bei Unternehmen in der Krise ist häufig unklar, wer die Verantwortung für was trägt. Daher müssen bei der Beauftragung des Interim Managers von Anfang an die Verantwortlichkeiten und Zuständigkeiten klar abgesteckt werden.

Flexibilität

Interim-Management-Projekte entstehen gestern und starten morgen: Der plötzliche Ausfall einer Führungskraft, die unerwartet schlechten Zahlen, die Integration nach dem Kauf eines anderen Unternehmens. Die Projekte enden, wenn das Kundenproblem gelöst ist, das geht mal schneller, mal langsamer. Interim-Management-Projekte dauern im Regelfall neun bis zwölf Monate, die Ausreißer variieren zwischen vier Monaten und drei Jahren bei komplexeren Mandaten. Die Entscheidung für eine Verlängerung oder Verkürzung des Projektes liegt im Regelfall im Geschäft und nicht in der Leistung des Interim Managers begründet. Mit dieser Unsicherheit, in Insider-Kreisen „Wasserhahnprinzip" genannt, muss ein Interim Manager umgehen können.

《《《 Fall

Interimistischer Projektleiter Logistik

▸ **Kunde:** RAPS GmbH & Co. KG

▸ **Zeitraum:** Juli bis Dezember 2008

▸ **Einsatzort:** Kulmbach

▸ **Größe des Unternehmens:**
850 Mitarbeiter, 18 Tochtergesellschaften, 15 Niederlassungen, ca. 100 Mio. Euro Umsatz in 2008

Die Aufgabe

Die RAPS GmbH & Co. KG, eines der modernsten Gewürzwerke Europas, plante, sämtliche Logistikaktivitäten auf einen externen Dienstleister zu übertragen. Um das bereits gestartete Projekt erfolgreich umzusetzen, suchte RAPS sehr kurzfristig einen erfahrenen Interim Manager. Dabei galt es, den ehrgeizigen Zeitplan einzuhalten, die Produktion zu sichern sowie die termin- und qualitätsgetreue weltweite Belieferung zu gewährleisten. Als der Interim Manager an Bord kam, befand man sich bereits mit einem potenziellen Dienstleister in Vertragsverhandlungen.

Unternehmensprofil

Die RAPS GmbH & Co. KG ist ein international erfolgreiches, wachstumsorientiertes und ertragsstarkes Familienunternehmen der Lebensmittelbranche. Seit über 80 Jahren ist die RAPS-Unternehmensgruppe mit ca. 850 Mitarbeitern und 15 Niederlassungen weltweit im Bereich qualitativ hochwertiger Gewürzmischungen und Zusatzstoffe für die Nahrungsmittelindustrie tätig.

Interview mit Kilian Krieger
Geschäftsführer der RAPS GmbH & Co. KG

Herr Krieger, was bewegte Sie dazu, einen Interim Manager einzusetzen?

Für die Entscheidung standen drei Dinge im Vordergrund: die Erfahrung, die Schnelligkeit und die Umsetzungsstärke, die der Interim Manager in dieser Projektphase einbringen sollte. Im Unternehmen hatten wir nicht die nötigen personellen Kapazitäten für das Outsourcing-Projekt. Diese Lücke wollten wir mit einem Interim Manager schließen.

Das Outsourcing-Projekt war bereits gestartet, als der Interim Manager ins Unternehmen kam?

Ja, wir hatten zu diesem Zeitpunkt bereits umfassende Maßnahmen ergriffen, um das Unternehmen in eine tragfähige Zukunft zu führen. Unsere strategische Ausrichtung zielte darauf ab, dass sich RAPS wieder stärker auf sein Kerngeschäft konzentriert, das in der Warenbeschaffung, dem Verarbeiten der Rohwaren und dem Vertrieb besteht. Das Outsourcing der Logistikaktivitäten war ein bedeutender Meilenstein unseres Maßnahmenplans. Nach Abschluss der Ausschreibungsphase standen wir bereits mit einem Dienstleister in aktiven Vertragsverhandlungen und erkannten, dass etliche Aspekte unseres Produktions- und Wertschöpfungsprozesses noch gar nicht im Outsourcing-Plan berücksichtigt waren. Also entschieden wir uns, das fehlende Expertenwissen über einen Interim Manager zu holen.

Welche Anforderungen stellten Sie an den Interim Manager?

Der Interim Manager musste innerhalb kürzester Zeit unsere Logistikprozesse und die Prozesslandschaft analysieren, die Leistungsfähigkeit der eigenen Logistik bewerten und innerhalb von vier Wochen eine Entscheidungsgrundlage für das Outsourcing samt optimiertem Alternativenplan vorlegen.

Also stellte die Kurzfristigkeit die besondere Herausforderung in dem Projekt dar?

Die Kurzfristigkeit war auf jeden Fall eine besondere Herausforderung, wobei hinzukam, dass der Interim Manager kein standardisiertes Outsourcing-Projekt abwickeln, sondern ein individuelles Konzept erarbeiten sollte. Besonders anspruchsvoll war die Aufgabe, innerhalb kürzester Zeit Alternativszenarien zu entwickeln – und diese unter qualitativen, quantitativen, finanziellen und Risiko-Aspekten zu bewerten. Das schafft nur jemand, der großes Fachwissen und Erfahrungswerte aus anderen Outsourcing- Projekten mitbringt.

Für welche Alternative hat sich RAPS entschieden?

Relativ schnell stellte uns der Interim Manager ein neues Modell vor, eine Herangehensweise, die wir bis dahin noch nicht bedacht hatten: Outfarming anstelle von Outsourcing. Wir haben den Logistikbereich in eine Tochtergesellschaft ausgelagert – und nicht, wie ursprünglich geplant, an einen externen Dienstleister übergeben. Auf diese Weise waren wir gezwungen, unsere Prozesse selbst zu optimieren und unsere eigene Leistungsfähigkeit zu analysieren und zu steigern. Indem wir die Kompetenz in der eigenen Unternehmensgruppe behielten, konnten wir die mit einem klassischen Outsourcing verbundenen Risiken vermeiden. Besonders stolz sind wir darauf, dass es uns gelungen ist, durch das Outfarming 55 Arbeitsplätze zu sichern

Was war rückblickend die größte Leistung des Interim Managers?

Der Manager war von Anfang an offen für neue und kreative Konzepte. In Kombination mit seiner umfangreichen Berufserfahrung und mit einer konsequenten und zielgerichteten Vorgehensweise führte dies zu schnellen Ergebnissen und zur Sicherung des gesamten Projekterfolges.

《 Konzept

Rüdiger Kabst/Wolfgang Thost/Rodrigo Isidor

Interim Manager und Berater: Worin unterscheiden sie sich?

Die Aufgaben eines Unternehmensberaters und eines Interim Managers werden häufig über einen Kamm geschoren. Trotz vereinzelter Gemeinsamkeiten existieren jedoch bedeutende Unterschiede. Zu den Hauptabgrenzungsmerkmalen zwischen Berater und Interim Manager gehören (1) die Übernahme von Führungsaufgaben durch den Interim Manager, (2) seine Einbindung in die Hierarchie des Einsatzunternehmens sowie (3) die Übernahme von Umsetzungsverantwortung. Er greift in das operative Tagesgeschäft der Unternehmen aktiv ein und übernimmt – im Gegensatz zum Unternehmensberater – die Verantwortung für die Lösung des Problems.

Darüber hinaus sind mit dem Einsatz beider Instrumente unterschiedliche Zielsetzungen verbunden. Während der Unternehmensberater als externer Wissenslieferant Konzepte und Methoden entwickelt, übernimmt der Interim Manager kurzfristig die Umsetzung wichtiger Aufgaben und Projekte.

Interim Manager und klassischer Strategieberater stehen nicht zwangsläufig in Konkurrenz zueinander. Ganz im Gegenteil: Beide haben eine Daseinsberechtigung, da sie beide für Unternehmen einen deutlichen Mehrwert generieren. Für Unternehmen ist es wichtig, die Unterschiede zu kennen, um sich je nach Aufgabenstellung bewusst für einen Berater oder einen Interim Manager zu entscheiden. Konkret heißt das: Handelt es sich um ein Analyseproblem, wählt man eine Beratung. Handelt es sich hingegen um ein Umsetzungsproblem, sollte Interim Management eingesetzt werden.

Die Aufgabenstellung in der Fallstudie MWM GmbH sieht auf den ersten Blick nach einem klassischen Beratungsauftrag aus: Der Klient sucht Unterstützung bei der strategischen Planung einer autarken IT-Organisation. Mit der Ausarbeitung des Konzepts wäre der Job eines Beraters beendet. Ein Interim Manager macht sich jedoch sofort an den Transfer in die Praxis. Die MWM GmbH setzte sogar ein Team aus zwei Interim Managern ein, um die erfolgreiche Umsetzung der IT-Roadmap innerhalb kürzester Zeit zu gewährleisten.

Unternehmensberater oder Interim Manager? – Das ist die Frage

Unternehmen sind häufig unsicher, bei welchen Anliegen der Einsatz eines Interim Managers und bei welchen der eines Unternehmensberaters sinnvoller ist. Das liegt unter anderem daran, dass Interim Management noch nicht den Bekanntheitsgrad von Unternehmensberatung erlangt hat, die inzwischen längst zu einem Klassiker der Unternehmensführung geworden ist.

Auf den ersten Blick existieren in der Tat einige Ähnlichkeiten zwischen beiden Dienstleistungen. Im Detail weisen sie jedoch erhebliche Unterschiede auf. Beide Tools leisten aber nur dann den erwarteten Beitrag für das Unternehmen, wenn sie optimal eingesetzt werden. Das setzt voraus, dass der Klient ihre Facetten hinreichend kennt.

Beruflicher Werdegang

Die Unterschiede zwischen Interim Manager und klassischem Unternehmensberater zeigen sich bereits in ihrer Vita. Der Interim Manager präsentiert ein breites Erfahrungsspektrum aus der unternehmerischen Praxis, der klassische Strategieberater eine stromlinienförmige Karriere in einer Beratungsgesellschaft.

Der typische Verlauf einer Beraterkarriere folgt zumeist einem vorgezeichneten Weg: Nach einem hervorragenden Universitätsabschluss erklimmt der Youngster unaufhaltsam die Karriereleiter und wird nach den Stationen Juniorberater, Seniorberater, Projektmanager und Principal schließlich Partner in einer Unternehmensberatung. Da Berater in ganz unterschiedlichen Unternehmen eingesetzt werden, gewinnen sie einen guten Überblick, lernen Best Practices kennen und bauen sich ein branchenübergreifendes Expertenwissen auf. Ihre Stärke liegt in der Ausarbeitung von Konzepten und Strategien, nicht so sehr in deren Umsetzung.

Bei Interim Managern zeichnet sich ein ganz anderes Bild ab. In diesem Berufsfeld gibt es keinen idealtypischen Karriereverlauf. Keiner von ihnen studiert, um dann unmittelbar Interim Manager zu werden. Ganz im Gegenteil: Ein Studium kann im Einzelfall sogar entbehrlich sein - Berufserfahrung dagegen ganz sicher nicht.

» Versuchen Sie mal, eine Referenz für einen typischen Berater der großen Strategieberatungen einzuholen. Das ist nicht so einfach. Da müssen Sie schon bei seinem Professor an der Uni anrufen. «

Michael Baur, Managing Director AlixPartners GmbH

Interim Manager entscheiden sich bewusst für ihren Beruf

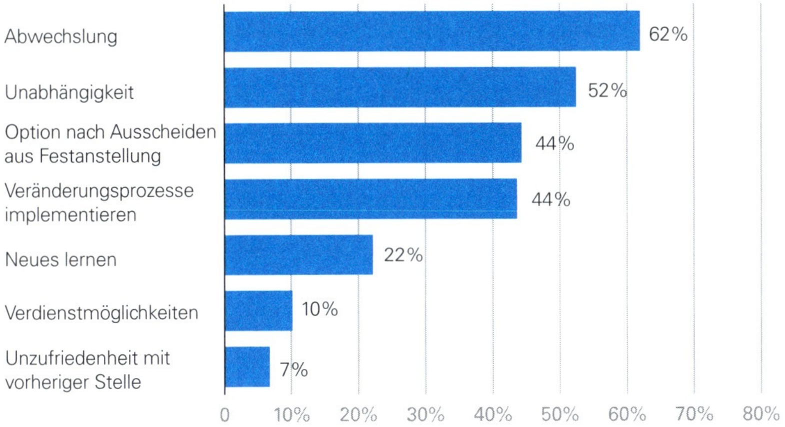

Abwechslung	62%
Unabhängigkeit	52%
Option nach Ausscheiden aus Festanstellung	44%
Veränderungsprozesse implementieren	44%
Neues lernen	22%
Verdienstmöglichkeiten	10%
Unzufriedenheit mit vorheriger Stelle	7%

Quelle: Atreus (2009)

Abb. 22: Welche Motive haben Sie zu Ihrer Entscheidung geführt, als Interim Manager tätig zu sein?

Für die meisten Führungskräfte ist das Management auf Zeit keine Übergangslösung, sondern eine attraktive Alternative zur Festanstellung. So kommt es für 70 Prozent der befragten Interim Manager gar nicht in Frage, in eine Festanstellung zu wechseln. Das widerlegt das Klischee, dass der Interim Manager nur vorübergehend ein flexibles Arbeitsverhältnis eingeht, weil er auf kein adäquates Angebot für eine Festanstellung zurückgreifen kann.

Die Mehrzahl der Interim Manager besitzt mehrjährige Führungserfahrung in einem oder mehreren Unternehmen des verarbeitenden Gewerbes oder des Dienstleistungssektors. Einige kommen aus dem Beratungsgeschäft und entscheiden sich bewusst für den Beruf des Interim Managers, weil sie vor allem umsetzungsorientiert arbeiten wollen. Dies gelingt aber in aller Regel nur, wenn zwischen Berater- und Interim-Manager-Karriere ein Abschnitt als Linienmanager liegt, und zwar möglichst in mehr als nur einem Unternehmen und in mehr als nur einer Branche. Obwohl die Lebensläufe der Interim Manager stark variieren, ist ihnen allen gemeinsam, dass sie über eine langjährige Berufserfahrung verfügen, während der sie in leitenden Positionen verschiedene Branchen und Hierarchiestufen durchlaufen haben.

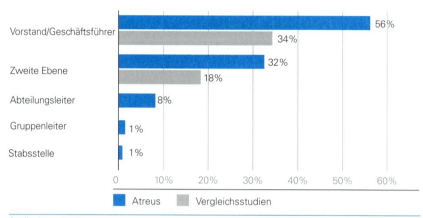

Interim Manager haben bereits Erfahrung als Top-Manager gesammelt

- Vorstand/Geschäftsführer: 56% / 34%
- Zweite Ebene: 32% / 18%
- Abteilungsleiter: 8%
- Gruppenleiter: 1%
- Stabsstelle: 1%

Atreus — Vergleichsstudien

Quelle: Atreus (2009)

Abb. 23: Welche Funktion hatten Sie in Ihrer früheren Festanstellung inne?

Führungserfahrung sammelt man nicht von heute auf morgen. Es verwundert daher nicht, dass das Durchschnittsalter der Interim Manager laut einer aktuellen Studie des DDIM (2009) 52 Jahre beträgt. Das durchschnittliche Alter eines Strategieberaters ist mit 32 Jahren deutlich niedriger.

» Ein 35 Jahre alter Interim Manager ist nicht glaubwürdig.
Ein Unternehmensberater mit 25 Jahren merkwürdigerweise schon. «

Ulrich Spandau, damaliger Konzernbereichsleiter Personal der TÜV SÜD AG
und jetziger Managing Partner Atreus

Manager-Biografien wechseln immer häufiger zwischen Linien- und Projektmanagementaufgaben sowie zwischen angestellten und selbständigen Engagements. Manager nutzen durch die Positionierung als Interim Manager die Möglichkeit, ihre langjährige Erfahrung zielführend einzusetzen, weiter auszubauen und damit die eigene Vermittelbarkeit bis ins „hohe" (Management-)Alter zu erhalten.

Einsatzbereiche und Aufgabenschwerpunkte

Unternehmensberater sind hierarchieübergreifend einsetzbar. Je nach Qualifikation und Spezialisierung eignen sie sich als Top-Management-Berater auf Vorstands- oder Aufsichtsratsebene oder als Spezialisten für Beratungsaufträge auf den darunter liegenden Unternehmensebenen.

Der Berater transferiert als externer Wissenslieferant konzeptionelles und analytisches Know-how in das Unternehmen. Ziel seines Beratungsauftrags ist es, betriebswirtschaftliche oder technische Probleme des Kunden zu identifizieren, zu definieren, zu strukturieren und zu analysieren. Auf Basis der Resultate erarbeitet er Problemlösungen für den Kunden. Bestehende Prozesse werden optimiert oder gegebenenfalls durch neue ersetzt. Während dieser Tätigkeit hat der Berater keine Weisungsbefugnis gegenüber den Mitarbeitern des Kunden-Unternehmens. Seine Aufgabe ist es, eine neutrale Bewertung abzugeben.

Auch Interim Manager sind hierarchieübergreifend einsetzbar. Sie übernehmen auf der ersten oder zweiten Führungsebene Vorstandsposten, die Geschäftsführung oder die Bereichsleitung, zum Beispiel für die Konstruktion oder Produktion. Der Interim Manager greift in das operative Tagesgeschäft der Unternehmen aktiv ein und übernimmt Durchführungsverantwortung. Seine Sichtweise ist ergebnisorientiert, er muss Entscheidungen treffen und durchsetzen. Dabei wird der Interim Manager mit Wirkung und Darstellung nach außen in die Organisation des Unternehmens eingebunden. Bei der Lösung seiner Aufgaben hat er gegenüber unterstellten Mitarbeitern Weisungsbefugnis.

» Wenn der Berater fertig ist, legt er ein Konzept vor und sagt: Das sind die Probleme und das sind unsere Lösungsvorschläge. Zusätzlich haben wir weitere Probleme entdeckt, für die wir noch Folgeaufträge bräuchten. Ein Interim Manager hingegen versucht, das Problem gleich zu lösen. «

Joachim Knospe, Interim Manager

Die Versuchung der Unternehmensberater, Nachfolgeaufträge aus dem laufenden Mandat heraus zu generieren, oder anders formuliert, das Streben nach einer stabilen Beratungsbeziehung, ist nachvollziehbar. Ziel des Interim Managers hingegen ist es, sich selber überflüssig zu machen. Da ein Interim Manager eher selten wieder in dem selben Unternehmen eingesetzt wird, steht die Akquise weiterer Mandate nicht auf der Tagesordnung. Interim Managern ist vielmehr die stabile Beziehung zum Dienstleister wichtig, damit dieser sie wieder in neue Mandate vermittelt, oder ein selbsttragendes Netzwerk, das regelmäßig neue Mandate generiert. Daher ist es entscheidend, dass das

Einsatzunternehmen mit der Arbeit des Interim Managers zufrieden ist und ihm eine positive Referenz ausstellt. Dies ist immer dann der Fall, wenn der Interim Manager das Problem, für das er geholt wurde, überzeugend lösen konnte - vielleicht sogar schneller, als ursprünglich geplant.

Vertragliche Konstellation

Unternehmensberater sind entweder selbständig oder stehen bei Beratungsfirmen unter Vertrag. Ist ein Berater bei einer Unternehmensberatung angestellt, arbeitet er in einem abhängigen Erwerbsverhältnis und fällt unter das deutsche Arbeits- und Sozialversicherungsgesetz. Die Abrechnung der Mandate erfolgt auf Tagessatzbasis. Bei den fünf großen Beratungshäusern liegt der durchschnittliche Tagessatz zwischen 2.500 und 4.000 Euro.

Das Honorar richtet sich nach Bedeutung und Größe des Auftrags

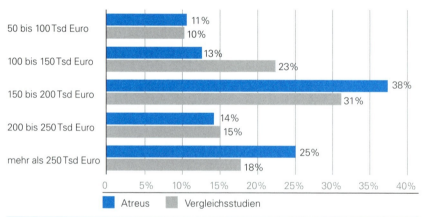

Quelle: Atreus (2009)

Abb. 24: Wie hoch war Ihr Bruttoeinkommen 2008?

Der Interim Manager wird ebenfalls nach Tagessätzen bezahlt. Der durchschnittliche Tagessatz liegt zwischen 900 und 1.500 Euro im unteren und 1.500 und 2.000 Euro im mittleren Marktsegment. Der Spitzentagessatz von Interim-Geschäftsführern liegt auf dem Niveau der großen Beratungshäuser.

Die Stimmung unter den Interim Managern ist trotz der aktuellen Krise positiv. Die Mehrheit von ihnen erwartet für die nahe Zukunft stabile oder steigende Tagessätze (81 Prozent) sowie ein stabiles oder steigendes Einkommen (74 Prozent). Das mittlere Jahreseinkommen der befragten Interim Manager lag 2008 bei 150.000 bis 200.000 Euro.

Kooperation mit Interim-Management-Dienstleistern

Beim Interim Management besteht neben direkten Vertragsbeziehungen zwischen Interim Manager und Einsatzunternehmen (angelsächsisches Modell) die Möglichkeit eines dreiseitigen Verhältnisses über einen Interim-Management-Dienstleister (holländisches Modell) (Riedel & Müller 2008: 94ff.). In diesem Fall schließt der Interim Manager einen Dienst- oder in selteneren Fällen einen Werkvertrag ab. Vertragspartner ist entweder der Dienstleister, der dann wiederum einen Werk- oder Dienstvertrag mit dem Einsatzunternehmen abschließt; oder aber direkt das Einsatzunternehmen, wobei der Dienstleister entweder gar nicht oder nur als Vermittler zwischengeschaltet ist. Durch diese Vertragskonstellation bewahren die Interim Manager ihren Status als Selbständige. Für den Auftraggeber hat dies den Vorteil, dass er keine Sozialversicherungsbeiträge zahlen muss und ihm keine Kosten durch Urlaubs- und Krankheitszeiten entstehen.

Umsetzung steht beim Interim Management im Vordergrund

	Unternehmensberatung	Interim Management
Beruflicher Werdegang	▸ Fokussierter Karrierepfad - Juniorberater - Seniorberater - Projektmanager - Principal - Partner	▸ Langjährige Berufserfahrung in leitenden Positionen in verschiedenen Unternehmen und Branchen
Einsatzbereich	▸ Branchen- und hierarchie-übergreifender Einsatz, vor allem Projektleiterebene ▸ Projekte laufen neben der Linienorganisation	▸ Branchen- und hierarchie-übergreifender Einsatz, vor allem 1. und 2. Führungsebene und Projektleiterebene ▸ Einbindung in die Aufbau- und Ablauforganisation des Unternehmens
Aufgabenschwerpunkte	▸ Beratung - Strategie - Analyse - Konzeption	▸ Management - Operatives Geschäft - Implementierung - Führungsaufgaben
Budgetverantwortung	Nein	Ja, abhängig von der Aufgabe
Weisungsbefugnis	Nein	Ja, abhängig von der Aufgabe
Weisungsgebundenheit	Nein	Indirekt
Vertragsbasis zwischen ▸ Kunde & Dienstleister ▸ Berater/IM & Dienstleister ▸ Berater/IM & Kunde	 Dienst- oder Werkvertrag Arbeitsvertrag Dienst- oder Werkvertrag	 Dienst- oder Werkvertrag Dienst- oder Werkvertrag Dienst- oder Werkvertrag
Beschäftigungsverhältnis	Angestellt	Selbständig
Honorar / Tagessatz zzgl. Spesen	Organisationsberater € 1.500 - 2.500 Strategieberater € 2.500 - 4.000 Restrukturierungsberater bis zu € 7.000	Unteres Marktsegment € 900 - 1.500 Mittleres Marktsegment € 1.500 - 2.500 Interim-Geschäftsführer € 2.500 - 4.000

Quelle: Eigene Darstellung erweitert nach Alewell, Bähring, Thommes (2005: 477)

Abb. 25: Unternehmensberater und Interim Manager im Vergleich

Die Wahl des richtigen Dienstleisters

Unternehmen müssen sich bei der Entscheidung zwischen Unternehmensberater und Interim Manager überlegen, ob ihr Problem konzeptionell analysiert oder operativ gelöst werden soll. Für traditionelle Unternehmensberater ist der Auftrag mit der Erarbeitung von Lösungskonzepten abgeschlossen. Für Interim Manager beginnt die Arbeit an dieser Stelle erst. Sie setzen die Konzepte in die Praxis um, implementieren Prozesse, übernehmen Führungsaufgaben und lösen Probleme.

> » *Der Interim Manager berät mich nicht. Er setzt eine Aufgabe um. Der Berater sagt: ›So könntest du es machen, aber jetzt sieh zu, wie du es machst.‹ Es gibt zwar auch Berater, die die Umsetzung begleiten, aber das ist der seltenere Fall.* «
>
> **Günter Bittelmeyer**, ehemaliger Personaldirektor Tognum AG

Häufig fehlt den Unternehmen die Expertise, um die vorgeschlagenen Maßnahmen umzusetzen. Oder das Management ist so mit dem Tagesgeschäft ausgelastet, dass die Umsetzung der Empfehlungen nicht die oberste Priorität besitzt.

> » *Als sich das Management an die Umsetzung machte, wurde das Projekt von der Unternehmensberatung nur noch sporadisch begleitet. Dabei hätten wir gerade in der Umsetzungsphase viel mehr Unterstützung gebraucht.* «
>
> **Klaus Sokollik**, Zentralbereichsleiter Personal, Service und Organisation Deutscher Sparkassen Verlag GmbH

Sowohl Unternehmensberater als auch Interim Manager haben als externe Dienstleister eine objektivere Sicht auf das Unternehmensgeschehen als interne Organisationsmitglieder. Gleichzeitig bestehen weder Netzwerke noch Abhängigkeiten, die die Umsetzung unpopulärer Maßnahmen, zum Beispiel Effizienz- und Restrukturierungsprozesse, gefährden könnten. Unternehmensberater bemühen sich allerdings, langfristige Beratungsbeziehungen zu ihren Kunden aufzubauen und parallel zu ihren laufenden Mandaten Folgeaufträge im selben Unternehmen zu akquirieren. Dies mag einerseits positiv sein, da langfristige Beziehungen nur durch überzeugende Arbeit zu Stande kommen, andererseits wirft dies jedoch die Thematik der Unabhängigkeit auf.

Interim Manager hingegen haben in der Regel weder Vergangenheit noch Zukunft in den Unternehmen ihrer Auftraggeber. Ihr Engagement ist zeitlich befristet und an die Erledigung einer spezifischen Aufgabe gebunden. Ziel der Interim Manager ist es, sich selbst überflüssig zu machen und ihr Wissen im Unternehmen so zu verankern, dass die von ihnen initiierten Prozesse zu Selbstläufern werden. Dazu ist es notwendig, dass die Interim Manager ihr Wissen an das Stammpersonal weitergeben und Abläufe so lange trainieren, bis sie institutionalisiert sind.

《《 Kommentar

Harald Linné

Perspektive
des Interim-Management-Dienstleisters

Eine Unterscheidung zwischen Interim Management und Unternehmensberatung war vor zehn bis 15 Jahren kaum möglich. Damals war Interim Management noch eine Randerscheinung in Deutschland. Während sich das Interim Management in der Schweiz, den Niederlanden und England bereits in den 80er-Jahren etablierte, gewann es in Deutschland erstmalig im Rahmen der betrieblichen Umwälzungen in Ostdeutschland zu Beginn der 90er-Jahre an Bedeutung. Viele ehemalige DDR-Betriebe, Kombinate und der Treuhand unterstellte Unternehmen mussten radikal umstrukturiert werden. Sanierungen, Restrukturierungen und Personalentlassungen, in vielen Fällen 90 Prozent und mehr, waren an der Tagesordnung.

Das war die Geburtsstunde des Interim Managements in Deutschland. Schnelle operative Ergebnisse waren wichtiger als Methoden und Konzepte. Veränderungen mussten in kürzester Zeit durchgeführt werden. Solange das Unternehmen noch über etwas Substanz oder Cash-Reserven verfügte, versuchten die Manager zu retten, was zu retten war.

Projektarbeit versus Linienkompetenz

Sowohl Interim Manager als auch Unternehmensberater wollen ein Unternehmen optimieren. Ihre Arbeitsweise unterscheidet sich jedoch erheblich. Interim Manager gehen in die Linienorganisation des jeweiligen Unternehmens und übernehmen operative Verantwortung. Unternehmensberater analysieren Schwachstellen, sie entwickeln neue Strategien oder Strukturveränderungen zur Ergebnissteigerung meist in einem Projektteam neben der Linienorganisation. Neuere Entwicklungen in der Beratung, vor allem in der Restrukturierungsszene, versuchen beide Ansätze zu verbinden: Große amerikanische Häuser wie AlixPartners und Alvarez & Marsal oder auch die deutsche Unternehmensberatung Droege Group bieten ihren Klienten an, die Konzepte zur Restrukturierung und Leistungssteigerung nicht nur zu entwickeln, sondern auch umzusetzen. In diesen Fällen wechseln die ausgewählten Kandidaten der Beratungshäuser in die Geschäftsführung des angeschlagenen Unternehmens. Ein

Blick auf die Qualifikationsprofile dieser Manager zeigt allerdings, dass diese Kandidaten eher Berater als klassische Linienmanager sind.

Strategen versus Entscheider

Bei der Beratung geht es um professionelle Analysen und Empfehlungen, meist auf Basis von statistischen und strukturellen Auswertungen oder Benchmarks, die anschließend vom Kunden oder einem Interim Manager umgesetzt werden. Beim Interim Management stehen das operative Management, ein konkretes Ergebnis und die Führungsverantwortung im Vordergrund. Der Interim Manager muss führen, entscheiden, kommunizieren und eine Organisation inspirieren.

Natürlich beansprucht jeder moderne Unternehmensberater auch Umsetzungsexpertise für sich, und jeder erfahrene Interim Manager Konzept- und Methodenkompetenz. Dessen ungeachtet müssen sich sowohl klassischer Berater als auch Interim Manager auf ihre fachliche Kernkompetenz konzentrieren.

Youngsters versus alte Hasen

In der Unternehmensberatung werden überwiegend junge, sehr gut ausgebildete Berater eingesetzt, die häufig frisch von der Hochschule kommen und folgendes Profil besitzen:

▶ Sehr gute Ausbildung, oft Doppelstudium, idealerweise Promotion oder MBA an einer international renommierten Universität

▶ Analytisch und konzeptstark

▶ Kenntnis einer Branche von Vorteil (Automotive, Energie, Financial Services etc.)

▶ Betriebliche Erfahrung zwischen null und fünf Jahren

▶ 30 bis 40 Jahre alt

▶ Treten in der Regel als Team mit einem erfahrenen Senior Partner auf

▶ Arbeiten als Projektleiter oder als Projektteam neben der Linienorganisation

▶ Berichten direkt an die Geschäftsführung

▶ Steuern über den Lenkungsausschuss

Im Interim Management werden üblicherweise ältere Kandidaten mit langjähriger Erfahrung eingesetzt. Das Profil eines idealtypischen Interim Managers sieht wie folgt aus:

- Zehn bis 20 Jahre Erfahrung aus unterschiedlichen Leitungspositionen (Geschäftsführung, CFO, CRO, Werksleitung etc.)
- Leitung größerer Unternehmen (ab 100 Mio. EUR Umsatz) in verschiedenen Branchen
- Erfahrung in Umbruchsituationen (Restrukturierung, Turnaround, Sanierung, Carve-out, M&A etc.)
- Idealerweise operative Erfahrung im Ausland
- Hohe Führungs- und Sozialkompetenz (Führung von zehn bis 5.000 Mitarbeitern)
- 45 bis 60 Jahre alt
- Arbeitet in der Regel als einzelne Führungskraft auf der ersten oder zweiten Ebene, aber immer eingebunden in die Organisation des Klienten
- Mitglied der Führungsorganisation (als Allein- oder Co-Geschäftsführer bzw. Mitglied in einem Interim-Team)

Preisgestaltung Interim Manager versus Berater

Die Unterschiede zwischen Interim Manager und Unternehmensberater drücken sich auch in der Preisgestaltung aus. Interim Manager der ersten Ebene kosten zwischen 900 und 1.500 Euro, Interim Manager der zweiten Ebene bis zu 2.500 Euro und Interim-Geschäftsführer bis zu 4.000 Euro pro Tag. Die Preise differieren je nach Größe des Unternehmens, Komplexität, Dringlichkeit, Bedeutung und Dauer der Aufgabe. Meist sind diese Projekte ein Vollzeitjob für die Manager und dauern neun bis 18 Monate, in schwierigen Situationen auch länger. Gute Unternehmensberater arbeiten mit Tagessätzen zwischen 2.000 und 4.000 Euro, einige wenige nehmen bis zu 7.000 Euro. Experten amerikanischer Beratungsfirmen verlangen für ihre Dienste 500 Euro pro Stunde und eine zusätzliche Bonusvereinbarung. Diese Sätze lassen sich aber im deutschen Mittelstand nur dann durchsetzen, wenn das Unternehmen in die Hände von Investoren gerät oder extreme Krisensituationen nur noch mittels Spitzen-Know-how bewältigt werden können.

Verschiebungen im Markt

Mittlerweile haben die Unternehmensberatungen erkannt, dass ihre Klienten zunehmend operative Umsetzungskompetenz erwarten, und konkrete Ergebnisse elaborierten Powerpoint-Folien vorziehen. Dies führt zu einer Verwischung der Grenzen: Unternehmen beauftragen neben Beratern zunehmend Interim Manager für die Umsetzung. Einige Beratungshäuser haben daher schon Kooperationen mit Interim-Management-Anbietern gestartet, um im Bedarfsfall Linienpositionen optimal besetzen zu können. Gleichzeitig wandeln sich immer mehr Interim-Management-Dienstleister vom Generalanbieter, der alle Positionen und Branchen abdeckt, hin zum Spezialanbieter, der sich auf bestimmte Branchen oder Führungsebenen konzentriert. Auch die Interim-Management-Dienstleister gehen Partnerschaften mit Beratungsgesellschaften (Unternehmensberatungen, Rechtsanwälte, Wirtschaftsprüfer etc.) ein, um Lösungen für komplexe strategische und operative Problemstellungen zu entwickeln.

«« « « Fall

Interimistischer Chief Information Officer (CIO) und Leiter Programm-Management

▸ **Kunde:** MWM GmbH, Mannheim

▸ **Zeitraum:** Oktober 2007 bis Januar 2009

Roadmap für den Aufbau einer autarken IT-Organisation sowie deren operative Umsetzung.

Die Aufgabe

Die MWM GmbH, vormals Deutz Powersystems und 100-prozentige Tochtergesellschaft der Deutz AG, ist im Geschäftsjahr 2007 an einen Finanzinvestor veräußert worden. Das Ziel des Interim-Einsatzes bestand in der Lösung der Prozess- und IT-Funktionen aus dem internationalen Konzernverbund der Deutz AG. Die Aufgabenstellung beinhaltete die Entwicklung einer

Unternehmensprofil

Die MWM GmbH stellt umweltfreundliche Anlagen zur Energieerzeugung her. Das in Mannheim ansässige Unternehmen verfügt über 130 Jahre Erfahrung in der Entwicklung und Optimierung von Verbrennungsmotoren für Erdgas, Sondergase und Diesel. Mit rund 1.000 Mitarbeitern an elf Standorten erwirtschaftet das Unternehmen einen Umsatz von 330 Mio. Euro pro Jahr.

Interview mit Klaus Buchborn-Klos
Geschäftsführer der MWM GmbH

Herr Buchborn-Klos, in welcher Situation haben Sie sich dazu entschlossen, zwei Interim Manager an Bord zu holen?

Nach dem Kauf der Tochtergesellschaft MWM GmbH war die Zielsetzung, den Carve-out in kürzester Zeit umzusetzen und eine eigenständige Systemlandschaft und IT-Organisation für MWM aufzubauen. Die dafür erforderliche IT-Kompetenz war im eigenen Haus nicht vorhanden. Aufgrund der komplexen Ausgangssituation entschieden wir uns für ein Team aus zwei Interim Managern. Wir haben zwei sehr erfahrene Projektleiter eingesetzt, die auch nach dem Projekt in den neu aufgebauten Strukturen für eine begrenzte Zeit die operative Verantwortung übernahmen.

Welche Herausforderungen mussten die Interim Manager bewältigen?

Sicherlich war die kurzfristige Klärung der Ausgangssituation eine große Herausforderung. Für eine detaillierte Analyse zu Beginn des Projekts war die Zeit zu knapp. Ziele und Rahmenbedingungen mussten auf der Basis einer sehr schnell durchgeführten Ist-Analyse festgelegt werden. Aus dem anfänglich rein technisch betrachteten Carve-out ergaben sich viele Änderungen in unserer Organisation, die den geplanten Projektumfang erweiterten. Die Interim Manager mussten viele Nebenthemen aktiv beeinflussen und begleiten, um das Erreichen des Projektziels sicherzustellen. Neue Erkenntnisse aus dem laufenden Projekt erforderten spontane Entscheidungen und erhöhten das Projektrisiko. Diese Risiken wurden mit einer stringenten Vorgehensweise und stets realistischen Zielsetzungen erfolgreich bewältigt.

Welche Anforderungen stellten Sie an die Interim Manager?

Die Interim Manager sollten eine eigene IT-Landschaft für MWM aufsetzen, steuern und führen – und zwar ohne Reibungsverluste und innerhalb kürzester Zeit. Dazu benötigten wir erfahrene Manager, die ohne lange Einarbeitungsphase sofort wissen, was zu tun ist. Die Interim Manager mussten sich kurzfristig eine hohe Akzeptanz im Unternehmen verschaffen und das Vertrauen der Geschäftsführung gewinnen. Da das Ziel in einem sehr begrenzten Zeitraum erreicht werden sollte, waren zudem Urteilsfähigkeit und Entscheidungsfreude notwendig. Dies erforderte aus meiner Sicht eine Menge Erfahrung, kombiniert mit einer ausgeprägten Zielorientierung und der Fähigkeit, Prioritäten zu setzen.

Welche Unterschiede sehen Sie in dem Einsatz von Interim Managern gegenüber dem Einsatz einer Beratungsfirma?

Den größten Unterschied sehe ich in der Intensität der Integration. Interim Manager haben im Unternehmen eine klare Aufgabe. Sie arbeiten mit internen Kollegen zusammen und müssen sich daher auch an die Regeln des Unternehmens halten. Interim Manager sind Macher, die anpacken und sich im Unternehmen die Unterstützung holen, die sie brauchen. Grundvoraussetzung für den Projekterfolg ist, dass die Kollegen sie als Teil des Unternehmens und nicht als Fremdkörper betrachten. Berater stehen eher außerhalb des Unternehmens und geben professionelle Ratschläge, die sie aber nicht operativ umsetzen. Ohne die Leistung der Unternehmensberatungen schmälern zu wollen: Ihr Dienstleistungsansatz ist einfach ein anderer.

« Konzept

Rüdiger Kabst / Wolfgang Thost / Rodrigo Isidor

Der passende Interim Manager: Wie findet man ihn?

Für Unternehmen gibt es zwei Möglichkeiten, einen geeigneten Interim Manager zu finden: durch Direktsuche oder durch Einschalten eines Dienstleisters. Häufig argumentieren Unternehmen, dass die Beauftragung eines Dienstleisters mit höheren Kosten verbunden ist. Diese Sichtweise ist jedoch zu kurz gegriffen. Viele Unternehmen haben weder die Ressourcen noch die Kontakte, um eigenständig einen Interim Manager ausfindig zu machen. Und selbst wenn einzelne Kontakte existieren, ist es unwahrscheinlich, dass der ideale Kandidat dabei ist. Eine Fehlbesetzung ist jedoch teuer.

Auch eine Direktsuche mit einem zeitaufwendigen Rekrutierungsprozess kostet Zeit und Geld. Die optisch höheren Kosten durch Einschalten eines Dienstleisters relativieren sich daher deutlich, wenn man eine Vollkostenrechnung unter Berücksichtigung von Qualitätsaspekten aufstellt. Unsere Erkenntnisse gehen aufgrund der Befragung von Unternehmen sogar noch weiter: Unternehmen, die bei der Auswahl eines Interim Managers einen Dienstleister eingeschaltet haben, sind deutlich zufriedener hinsichtlich der Kriterien Effizienz, Effektivität und Qualität.

Vorausgesetzt, der Anbieter hat eine gewisse Reputation am Markt erworben, fungieren Interim-Management-Dienstleister als eine Art Qualitätssiegel für ihre Mitglieder. Zwar muss das Unternehmen für die Dienstleistung einen höheren Preis zahlen, aber wie so oft im Leben gilt auch hier: Qualität hat ihren Preis.

In der Fallstudie suchte die Siemens Business Communication Systems Ltd. sehr kurzfristig einen Geschäftführer, der die Führung des Chinageschäfts bis zur Benennung eines permanenten Geschäftführers interimistisch übernimmt. Die Aufgabe bestand in der Neuausrichtung des Chinageschäfts, der Reorganisation der Vertriebsstrukturen und einer Steigerung des Umsatzes. Atreus musste also in kürzester Zeit einen Restrukturierungs-Experten ausfindig machen, der sich obendrein auf dem chinesischen Markt auskennt und bereit ist, von heute auf morgen seinen Wohnsitz nach Shanghai zu verlegen. Dank der sorgfältigen Vorarbeit im Auswahlprozess konnte der Dienstleister in kürzester Zeit einen geeigneten interimistischen CEO für die Siemens Business Communications Systems Ltd. aus seiner Datenbank herausfiltern.

Ein Unternehmen, das einen Interim Manager sucht, hat zwei Optionen: die Direktan-sprache oder die Einschaltung eines Dienstleisters.

Die Direktansprache ist üblich, wenn das Unternehmen den Interim Manager mittel-oder unmittelbar kennt und seine Qualifikation und Reputation fundiert einschätzen kann. Das ist jedoch selten der Fall, da das Tool Interim Management noch vergleichs-weise jung und der Markt wenig transparent ist.

Informationsasymmetrien beim Einsatz von Interim Managern

Unternehmen, die keinen Dienstleister einschalten, müssen die asymmetrische In-formationsverteilung zwischen Prinzipal (Auftraggeber) und Agent (Auftragnehmer) in Kauf nehmen. Der Prinzipal-Agent-Theorie zufolge verfolgt jeder Vertragspartner eigene Interessen. Da beide Seiten unterschiedliche Ziele verfolgen können, sind Kon-flikte nicht ausgeschlossen. Je weniger der Prinzipal über den Agenten weiß, desto größer ist die Gefahr, dass sich dieser nicht an den vereinbarten Auftrag hält, sondern seinen eigenen Vorteil sucht (Kieser 2002: 209).

Gute Kenntnis des Kunden sichert den Erfolg eines Interim-Mandats

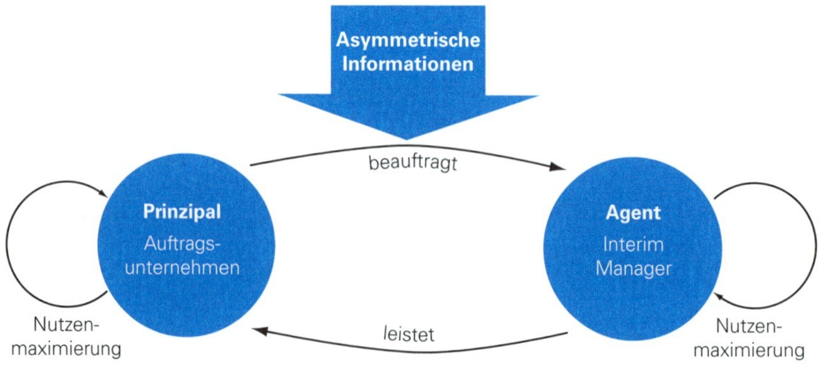

Quelle: Eigene Darstellung in Anlehnung an die Prinzipal-Agenten-Theorie

Abb. 26: Prinzipal-Agenten-Problematik

So muss sich ein Unternehmen, das eigenständig einen Interim Manager auswählt, auf dessen Angaben zu seiner Qualifikation, Berufserfahrung und Leistungsbereitschaft verlassen. Das Unternehmen riskiert dabei, einen Interim Manager zu verpflichten, der seine Qualifikationen und Leistungen möglicherweise schönt, um seinen eigenen Nutzen zu maximieren.

> *» Bei den Managern wird die Wirklichkeit dermaßen verzerrt dargestellt, das ist schon krass. Kommen Sie erst mal dahinter, was Dichtung und was Wahrheit ist! «*
>
> **Ulrich Spandau**, damaliger Konzernbereichsleiter Personal der TÜV SÜD AG und jetziger Managing Partner Atreus

Die Beseitigung dieser Informationsdefizite kostet Zeit und Geld. Aus diesem Grund beauftragen viele Unternehmen einen Dienstleister, der ihnen die Suche nach einem geeigneten Kandidaten abnimmt. Jüngste Studien belegen, dass bereits ein Drittel aller Interim-Management-Mandate auf diese Weise vermittelt werden (DDIM 2007; Bohnert & Groß 2007). Die Mehrkosten nehmen die Unternehmen in Kauf. Wenn sich das Unternehmen und der Interim Manager die Mehrkosten teilen, bezahlt ein Unternehmen bei Einschaltung eines Dienstleisters einen rund 15 Prozent höheren Tagessatz (Heuse 2007).

Ökonomisch sinnvoll ist das, wenn der Dienstleister einen Mehrwert realisiert. Ein solcher Mehrwert wäre beispielsweise die Reduzierung des Risikos einer Fehlbesetzung. Genau dies bestätigen unsere Untersuchungen.

Ein professioneller Interim-Management-Anbieter reduziert die Risiken eines Mandats

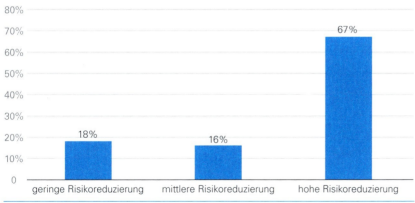

Quelle: Eigene Erhebung

Abb. 27: Ein Dienstleister gibt dem Auftraggeber Sicherheit

Zwei Drittel der befragten Unternehmen sind überzeugt, dass sich das Risiko der Fehlbesetzung durch die Zwischenschaltung eines Dienstleisters deutlich reduziert. Lediglich 16 beziehungsweise 18 Prozent der befragten Unternehmen glauben, dass die Zwischenschaltung eines Anbieters das Risiko einer Falschauswahl etwas oder kaum reduziert.

» Wenn man selber sucht, ist das eine klassische Trial-and-Error-Geschichte. In den Bereichen, in denen wir Interim Manager einsetzen, ist das viel zu riskant. «
Geschäftsführer eines mittelständischen Automobilzulieferers

Unternehmen vertrauen auf die Expertise der Dienstleister bei der Suche nach einem geeigneten Interim Manager. Dieses Ergebnis lässt sich darauf zurückführen, dass der Dienstleister seinen Kunden in kürzester Zeit eine qualifizierte Vorauswahl an Kandidaten präsentiert und nahtlos einen neuen Interim Manager vermittelt, sollte ein Mandat wider Erwarten nicht zur Zufriedenheit des Klienten verlaufen oder ein Manager ausfallen. Diese Option hat ein Unternehmen nicht, wenn es eigenständig einen Interim Manager verpflichtet hat.

Es wird deutlich, dass ein Interim-Management-Dienstleister über eine gewisse Mindestanzahl an Managern in seinem Netzwerk verfügen muss, um dem Klienten für die verschiedenen Mandate zwei bis drei passende Kandidaten anbieten zu können.

» Wenn Sie immer nur dieselbe Sorte IT-Manager suchen, dann brauchen Sie keinen Dienstleister. Wenn Sie aber mal einen HR-Spezialisten, mal einen Produktionsspezialisten und mal einen Logistiker suchen, müsste es schon mit dem Teufel zugehen, wenn Sie die alle kennen - und zwar die Guten. «
Wolfgang Thost, Managing Partner Atreus

Aber bedeutet Masse zugleich Klasse? Um herauszufinden, ob Interim-Management-Dienstleister die besseren Manager vermitteln, haben wir die Unternehmen hinsichtlich ihrer Zufriedenheit bezüglich Qualität, Kosten, Effektivität und Effizienz der vermittelten Interim Manager befragt.

Kunden eines Interim-Management-Dienstleisters sind zufriedener

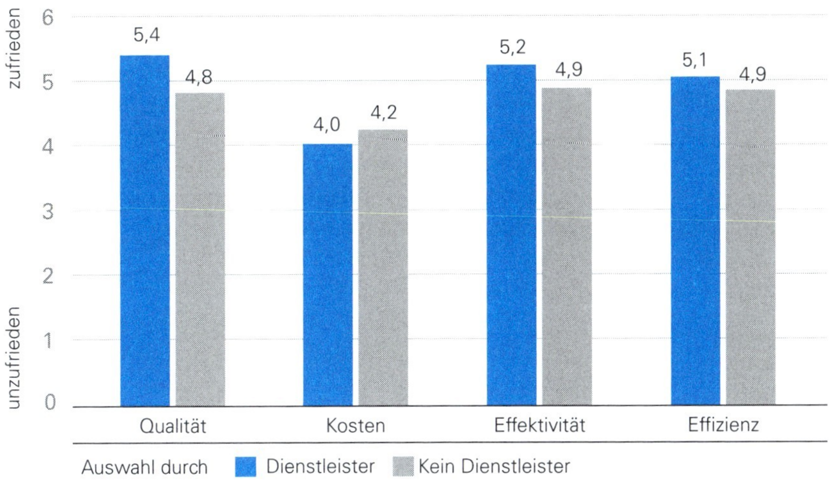

Quelle: Eigene Erhebung

Abb. 28: Die Zufriedenheit der Kunden mit und ohne Dienstleister

Die Ergebnisse zeigen, dass Unternehmen, die einen Dienstleister beauftragt haben, insgesamt zufriedener mit den Leistungen ihrer Interim Manager sind. Lediglich bei den Kosten sind Unternehmen, die keinen Dienstleister eingeschaltet haben, zufriedener. Dies ist offensichtlich, da sich die Dienstleistung des Anbieters in höheren Tagessätzen widerspiegelt. Die Kosten für einen Interim Manager, der über einen Dienstleister vermittelt wird, sind tatsächlich auf den ersten Blick höher. Das bedeutet jedoch nicht zwangsläufig, dass diese auch bei einer Vollkostenrechnung höher ausfallen. Denn die Kosten der Rekrutierung sowie die Folgekosten einer Fehlbesetzung sind dem Aufpreis gegenzurechnen, auch wenn sie schwieriger zu quantifizieren sind. Außerdem gelangt ein optimal besetztes Projekt schneller zum gewünschten Ergebnis, sodass sich die gezielte Suche im Blick auf ein Life-Cycle-Costing auf jeden Fall lohnt.

» *Wenn ich in der Zeitung inseriere ›Suche Interim Manager‹ kriege ich zig Bewerbungen. Das kostet immens viel Zeit. Beauftrage ich dagegen einen Dienstleister, bringt er mir zwei oder drei Kandidaten, von denen ich einen auswähle.* «

Günter Bittelmeyer, ehemaliger Personaldirektor Tognum AG

Was leistet ein Interim-Management-Dienstleister?

Die Auswahl des Interim Managers durch einen Dienstleister ist komplex und professionell. Bevor der Dienstleister mit der Suche nach einem geeigneten Kandidaten beginnt, klären die beiden Parteien in einem Vorgespräch, wie das Aufgaben- und Anforderungsprofil des Interim Managers aussieht. Im Zuge des Vermittlungsprozesses greifen die Anbieter schließlich auf ihre Datenbanken zurück. Sie enthalten strukturierte Profile verschiedener Interim Manager, die über bereits abgewickelte Mandate und Erfahrungen aus Festanstellungen Auskunft geben.

» Der Beruf des Interim Managers hat in den letzten Jahren massiv an Anerkennung gewonnen und ist entsprechend attraktiv. Es begeben sich immer mehr Manager in den Markt – darunter Top-Leute, die dafür sehr geeignet und auch unternehmerisch aufgestellt sind. Bedingt durch die schwierige Wirtschaftslage bewerben sich aktuell aber auch viele Manager, die keine andere Jobalternative haben. Hier setzen wir eine deutliche Trennlinie und selektieren nach Qualität. «

Ulrich Spandau, Managing Partner Atreus

**Die Expertise des Dienstleisters gewährleistet
einen professionellen Auswahlprozess**

	Mit Dienstleister		**Ohne Dienstleister**	
Auswahl	1. Briefinggespräch beim Kunden	**Eigenschaftsbasiertes Vertrauen in die Kompetenz des Dienstleisters**	1. Briefinggespräch beim Kunden = Präsentation (3.)	**Eigenschaftsbasiertes Vertrauen durch eventuell frühere Erfahrungen mit dem Manager oder durch Empfehlung**
	2. Kandidaten-Vorschläge	**Prozessbasiertes Vertrauen**		
	3. Persönliche Kandidatenpräsentation	**Prozessbasiertes Vertrauen**		
Vertrag	4. Vertragsabschluss	**Institutionenbasiertes Vertrauen**	4. Vertragsabschluss	**Institutionenbasiertes Vertrauen**
Projekt	5. Dienstleister als Sparringspartner	**Prozessbasiertes Vertrauen**		
	6. Erfolgreicher Projektabschluss	**Prozess- und eigenschaftsbasiertes Vertrauen**	6. Erfolgreicher Projektabschluss	**Prozess- und eigenschaftsbasiertes Vertrauen**
	7. Nachbesprechung	**Prozessbasiertes Vertrauen**	7. Nachbesprechung	**Prozessbasiertes Vertrauen**

Quelle: Eigene Grafik

Abb. 29: Vergleich des Auswahlprozesses mit und ohne Dienstleister

Der Dienstleister überprüft im Rahmen der Vorselektion die vom Interim Manager angegebenen Referenzprojekte und Tätigkeitsbereiche. Dann wählt er zwei bis fünf Kandidaten aus, die dem Anforderungsprofil des Mandats entsprechen. Damit eröffnet der Dienstleister dem Kunden einen Zugang zu Interim Managern, den das Unternehmen selbst aufgrund mangelnder Marktkenntnis oder niedrigem eigenem Bekanntheitsgrad nicht in gleicher Qualität gehabt hätte. Entscheidend für die Qualität des Dienstleisters ist auch das Tempo. Der Dienstleister muss für seinen Kunden schnellstmöglich – in der Regel innerhalb einer Woche – den passenden Interim Manager finden, damit die Dauer des Vermittlungsprozesses für den Kunden so kurz wie möglich ist.

» Schnell zu sein ist einfach, wenn die Leute nicht passen. Und passgenau
zu sein ist einfach, wenn du nicht schnell bist. «

Rainer Nagel, Managing Partner Atreus

Der Dienstleister präsentiert dem Klienten zunächst professionell zusammengestellte Dossiers über die ausgewählten Kandidaten. Diese sogenannte Shortlist dient dem Kunden als Entscheidungshilfe. Dabei ist für das Unternehmen von Vorteil, dass der Anbieter einige Kandidaten bereits aus früheren Mandaten kennt, und daher ihr Leistungspotenzial einschätzen kann. Nach Sichtung der Shortlist bestimmt der Kunde die Kandidaten, die er in einem persönlichen Gespräch näher kennenlernen möchte. Verlaufen die Gespräche positiv, steht dem Vertragsabschluss nichts mehr entgegen. Letzte Entscheidungsinstanz bei der Auswahl des Kandidaten ist der Kunde.

Strukturierte Prozesse sichern die Qualität

Profiling	Vorauswahl	Eignungsprüfung	Präsentation
▸ Situation	▸ Aus dem Kernnetzwerk	▸ Übereinstimmung mit Anforderungsprofil	▸ Short List mit zwei bis fünf Kandidaten
▸ Aufgabe	▸ Aus eigener Datenbank	▸ Bisherige Einsätze	▸ Auftraggeber führt Einzelgespräche mit Favoriten
▸ Rahmenbedingungen	▸ Aus dem erweiterten Netzwerk	▸ Verfügbarkeit	▸ Endgültige Entscheidung und Beauftragung
▸ Notwendige Berufserfahrung	▸ Über das Netzwerk hinaus	▸ Vorgespräch mit Dienstleister	
▸ Erforderliche Persönlichkeitsmerkmale			

Quelle: In Anlehnung an Eisenberg und Niemann (2004: 215)

Abb. 30: Phasen des Vermittlungsprozesses

Das Leistungsspektrum von Interim-Management-Dienstleistern beschränkt sich nicht allein auf die Vermittlung, sondern umfasst auch die Begleitung des Mandats. Bei einem Shadow-Management greift der Interim Manager bei Bedarf auf die Wissensbestände und Ressourcen seines Interim-Management-Anbieters zurück und erweitert so sein individuelles Leistungspotenzial. Im Gegensatz zur eigenständigen Beauftragung eines Interim Managers profitiert das Unternehmen somit nicht nur von der Erfahrung eines einzelnen Interim Managers, sondern zusätzlich vom gesamten Backup des Dienstleisters. Es bekommt praktisch nicht nur eine Person, sondern einen Business Partner, der für die Lösung des Problems verantwortlich ist. Diese umfangreiche und professionelle Unterstützung durch den Anbieter trägt mit zum Erfolg des Einsatzes bei.

«« Kommentar

Rainer Nagel

Perspektive des Interim-Management-Dienstleisters

„Interim Manager" ist kein geschützter Begriff

Wann ist ein Interim Manager ein Interim Manager? Weder „Unternehmensberater" noch „Interim Manager" sind geschützte Begriffe. Es gibt keinerlei Qualifikationsvoraussetzungen, die nötig wären, um sich offiziell mit dem Titel schmücken zu dürfen. Zugleich steigt die Zahl der als Interim Manager tätigen Personen seit Jahren stark an. Wir schätzen, dass sich aktuell etwa 20.000 Manager in Deutschland unter dieser Bezeichnung auf dem Markt bewegen. Allein Atreus erhielt im Jahr 2009 etwa 2.000 Bewerbungen für die Aufnahme in ihr Netzwerk. Die fachliche und persönliche Eignung für die Tätigkeit als Interim Manager bringt jedoch aus unserer Sicht nur der kleinere Teil mit. Was machen all die anderen? Schreiben sie sich in Netzwerke ein, die – im Unterschied zu Atreus – keine Aufnahmeprüfung vornehmen? Sind sie als Einzelkämpfer am Markt tätig?

Der Markt ist – noch – intransparent und stark fragmentiert

Der deutsche Markt für Interim-Management-Dienstleistungen hatte im Jahr 2008 nach Berechnungen von Atreus ein Volumen von rund 1,2 Milliarden Euro. Etwa 70 Prozent dieses Volumens werden durch Eigeninitiative der im Markt tätigen Interim Manager akquiriert, die in einem direkten Vertragsverhältnis mit dem beauftragenden Unternehmen stehen. Der Anteil, der durch die Inanspruchnahme eines Dienstleistungsunternehmens erbracht wird, beträgt etwa 30 Prozent - mit stark wachsender Tendenz. Unternehmen mit mehr als 1.000 Mitarbeitern beziehen Interim-Management-Dienstleistungen bereits heute mehrheitlich über Dienstleistungsunternehmen.

Es gibt in Deutschland etwa 25 bis 30 Interim-Management-Anbieter, von denen Atreus mit einem Umsatz von 15 Mio. Euro im Jahr 2009 – das ist ein Marktanteil von etwa 1,3 Prozent – der bei weitem größte ist. Daneben gibt es eine unübersehbare Zahl von Professional-Services-Unternehmen, wie etwa Strategieberatungen, Wirtschaftsprüfungs- oder Anwaltskanzleien, die ihren Klienten im Einzelfall Interim Management anbieten, wenn sich die Chance oder Notwendigkeit dazu ergibt.

Sofern es nicht um die Überbrückung von Vakanzen geht, werden Interim Manager meist für die Lösung erfolgskritischer Umsetzungsprobleme engagiert: die Reorganisation oder strategische Neuausrichtung des Unternehmens, die Einführung neuer Systeme, in einigen Fällen auch die insolvenznahe Sanierung des Unternehmens. Die Auswahl des richtigen Interim Managers ist für den Erfolg des beauftragenden Unternehmens von großer Bedeutung. Gesucht wird ein Manager, der die anstehende Aufgabe mit der größtmöglichen Sicherheit löst. Wie aber findet der Auftraggeber den richtigen Kandidaten in diesem unübersichtlichen Markt?

Hierfür sind drei Fragen zu klären:

1. Was ist die Aufgabe?

2. Welches Profil benötigt ein Interim Manager, um diese Aufgabe lösen zu können?

3. Wie finden Unternehmen Manager mit diesem Profil, die sofort verfügbar sind?

Die Aufgabe

Die wichtigste Voraussetzung für den erfolgreichen Einsatz eines Interim Managers sind klare Vorgaben seitens des Auftraggebers hinsichtlich Ziel und Aufgabenstellung. Dabei ist zu beachten, dass die Aufgabenstellung sowohl sehr allgemein als auch sehr spezifisch formuliert sein kann. Das Spektrum reicht von Aufgaben wie „Setzen Sie das vorliegende Strategiekonzept eins zu eins um" über „Etablieren Sie ein Global Sourcing" bis hin zu „Bringen Sie das Unternehmen auf die Erfolgsspur". Klar dürfte sein, dass die unterschiedlichen Aufgabenstellungen das Profil des gesuchten Interim Managers bereits deutlich determinieren. Klar dürfte auch sein, dass die Aufgabenbeschreibung nicht ausreicht, um den richtigen Manager zu finden.

Checkliste Auftragsklärung

▸ In welcher Situation befindet sich das Unternehmen?

▸ Welche Aufgabe ist in welchem Zeitraum zu lösen?

▸ Wie sehen die Rahmenbedingungen aus? Ressourcen? Stakeholder? Historie?

▸ Mit welchen besonderen Herausforderungen muss der Interim Manager rechnen?

▸ Welche konkreten Ergebnisse erwartet der Auftraggeber in den nächsten sechs Wochen? Welche in den nächsten drei, sechs, zwölf oder 18 Monaten?

▸ Was ist die persönliche Erwartungshaltung des Auftraggebers?

Der passende Interim Manager

Die klare Definition der Situation, der Aufgabe sowie der inhaltlichen und persönlichen Erwartungshaltung des Auftraggebers ist die Voraussetzung für die Erarbeitung des Zielprofils.

Checkliste Zielprofil

▶ Liegt die Lösung in der Installation eines einzelnen Managers oder ist der Einsatz eines kleinen Teams sinnvoll?

▶ Welche Erfahrungen (Management Level, Branche, Aufgabe, Funktion, Führung, Region) benötigt der Interim Manager?

▶ Welche Persönlichkeitsmerkmale (Hands-on, Durchsetzungsstärke, Authentizität, Kommunikationsfähigkeit, analytisches Denken) sind besonders wichtig, um die anstehende Aufgabe erfolgreich zu lösen? Welche sind verzichtbar oder gar hinderlich?

▶ Mit welchen Kompetenzen wird der Manager ausgestattet?

▶ In welcher Rolle werden der Manager oder das Team in die Organisation integriert?

Basierend auf dem erstellten Profil wird ein Manager gesucht, der über Erfahrung in vergleichbaren Aufgabenstellungen verfügt, die erforderlichen Persönlichkeitsmerkmale aufweist, preislich in die Vorstellung des Unternehmens passt und kurzfristig verfügbar ist.

Um die Lösung der anstehenden Managementaufgabe zu garantieren, ist es sinnvoll, überqualifizierte Manager einzusetzen. Das heißt Manager, die vergleichbare Aufgabenstellungen in höherer Komplexität und größerer Dimension bereits mehrfach erfolgreich bewältigt haben. Das ist durchaus realistisch, da Interim Manager nicht (mehr) in klassischen Karrieredimensionen denken, sondern sich dafür entschieden haben, ihre Erfahrung als Dienstleistung am Markt zu positionieren. Entscheidend für sie ist also nicht mehr, ob das Unternehmen oder die Position in ihre Karrierelaufbahn passen. Vielmehr sind sie daran interessiert, praktische Herausforderungen anzunehmen und damit weitere Referenzen zu sammeln. Den Unternehmen ermöglicht dies, in schwierigen Situationen hohe Sicherheit für die Lösung ihrer Aufgaben einzukaufen. Das gilt besonders für Unternehmen die – aus welchen Gründen auch immer – für Top-Leute nicht unbedingt attraktiv sind, und für Unternehmen, die grundsätzlich mit sehr schlanken Management-Strukturen arbeiten.

Wie findet man den richtigen Manager, der gestern anfängt?

Erschwerend zur Intransparenz des Marktes kommt die Eile im Suchprozess. Aufgaben, für die bei Beauftragung eines Personalberaters im klassischen Executive-Search-Prozess Monate zur Verfügung stehen, müssen beim Einsatz eines Interim Managers in Tagen oder Wochen geleistet werden.

▶ Identifikation potenzieller Kandidaten

▶ Prüfung der tatsächlichen Eignung der Kandidaten (siehe Kasten)

▶ Präsentation des Kandidaten im Entscheidungsgremium

▶ Entscheidung über den Einsatz

▶ Vertragsabschluss

▶ Start des Kandidaten

Eine sorgfältige Prüfung, ob der anvisierte Kandidat wirklich für die Aufgabe geeignet ist, erhöht die Erfolgschancen des Auftrags und damit die Zufriedenheit des Kunden.

Checkliste Eignungsprüfung

▶ Bei welchen Einsätzen hat der Kandidat relevante Erfahrungen gesammelt? Welche Aufgaben hat er bisher gelöst? Wie lange ist das her?

▶ In welchen Rollen (Linienverantwortung, Lenkungsausschuss, Projektleiter, Projektteammitglied) hat er bereits agiert?

▶ Wie ist er bei der Lösung der Aufgabe vorgegangen?

▶ Welche Ergebnisse hat er dabei erzielt?

▶ Mit welchen besonderen Herausforderungen und Problemen war der Kandidat dabei konfrontiert und wie ist er damit umgegangen?

▶ Wie ist sein Arbeitsstil? Ist er ein Self-Starter? Ist er Hands-on oder braucht er ein Support Team? Wie schnell wird er in einem neuen Umfeld wirksam?

▶ Wie führungsstark ist der Kandidat? Wie umsetzungs- und durchsetzungsstark ist er?

▶ Ist er ein Team Player? Nimmt er seine Leute mit? Wie kommunikationsstark ist er in verschiedenen Stakeholdergruppen?

▶ Hat er eine ausreichend große Verhaltensbandbreite?

Grundsätzlich gibt es vier Möglichkeiten, um den richtigen Manager zu finden:

1. Ein interner Kandidat übernimmt die Aufgabe kurzfristig

2. Das Unternehmen beauftragt einen verfügbaren Interim Manager direkt

3. Ein geeigneter Interim Manager akquiriert gerade zufällig beim Unternehmen

4. Das Unternehmen beauftragt einen Interim-Management-Dienstleister

Oft ist die Sache so dringlich, dass verschiedene Wege parallel beschritten werden: Der Auftraggeber sucht einen internen Kandidaten, spricht direkt mit Interim Managern, beauftragt verschiedene Dienstleister und spricht vielleicht auch noch einen Personalberater für eine Feststellenbesetzung an.

Der interne Kandidat

Diese Lösung wird vor allem in größeren Unternehmen am häufigsten eingesetzt. Sie weist einige bestechende Vorteile auf. Mögliche Kandidaten sind bereits Mitarbeiter. Sie kennen das Unternehmen und die handelnden Personen. Man weiß, was sie können. Es entstehen keine zusätzlichen Kosten. Die Lösung ruft kaum Widerstände hervor und ist schnell und einfach zu realisieren. Es handelt sich um eine gute Möglichkeit, High Potentials mit den notwendigen Herausforderungen für persönliches Wachstum zu betrauen.

Wie gut aber ist diese Lösung tatsächlich?

▸ Werden nicht häufig der Einfachheit halber Manager mit den Aufgaben betraut, die gerade nicht so viel zu tun haben? Sind sie dann tatsächlich die Richtigen?

▸ Wer hat nicht schon erlebt, dass Herr Meier die fünfte Projektaufgabe zusätzlich zu seinem Linienjob erhält? Er ist ja ein absoluter Top-Mann und der Leitungskreis ist überzeugt: „Der schafft das schon." Bis Herr Meier die erste wichtige Aufgabe gegen die Wand fährt. Dann ist er meist auf ewig verbrannt: „Ach, der Meier, das ist doch der, der damals das China-Projekt versenkt hat."

▸ Oder es werden Personalrochaden in Gang gesetzt, um ein wichtiges Projekt temporär zu besetzen: Müller übernimmt die Projektleitung, Schäfer macht den Job von Müller und Fritz übernimmt zusätzlich den Job von Schäfer. Ob das gut geht?

▸ Oder der Chef übernimmt mal eben noch zwei, drei Aufgaben „acting", was nichts anderes als interimistisch heißt. Wie lange kann wohl ein noch so guter Manager mehrere wichtige Funktionen gleichzeitig ausfüllen?

Häufig ist eine interne Besetzung sinnvoll. In vielen Fällen aber auch nicht. Hier gilt es genau abzuwägen, wie wichtig die Aufgabe und wie hoch die Erfolgswahrschein lichkeit des internen Kandidaten ist. Und welche Opportunitätskosten möglicherweise dadurch entstehen, dass der Manager aus seinem Bereich herausgenommen wird oder die Aufgabe zusätzlich übernehmen muss.

Der im Unternehmen bekannte oder aus dem Netzwerk empfohlene Kandidat

Häufig setzen Unternehmen Interim Manager ein, die sie kennen. Der Manager hat früher schon einmal erfolgreich als Angestellter oder Interim Manager im Unter- nehmen gearbeitet. Man kennt und vertraut ihm. Oder ein Manager akquiriert seit einiger Zeit im Unternehmen, und plötzlich ergibt sich die Situation, dass man seine Kompetenz benötigt. Oder der Wirtschaftsprüfer, Anwalt oder Berater empfiehlt einen Kandidaten. Das kann ein schneller und eleganter Weg sein, die Vakanz zu besetzen. Man wählt dann jemanden, den man kennt, und dem man einen Vertrauensvorschuss einräumt. Aber ist er wirklich derjenige, der die anstehende Restrukturierung mit Massenentlassungen erfolgreich lösen wird? Vielleicht hatte ihn ein Aufsichtsrat als kompetenten Kollegen in Erinnerung, der bereits große Restrukturierungen durch- gezogen hat. Aber war das wirklich seine Leistung oder hatte er die richtigen Mitar- beiter? Das Unternehmen jedenfalls braucht jemanden, der Interessensausgleich und Sozialplan mit den Sozialpartnern verhandelt und die vereinbarten Maßnahmen rei- bungsfrei, geräuscharm und mit geringen Kosten umsetzt. Kann er das wirklich? Hat er genau das mehrfach erfolgreich getan? Wenn ja, ist er sicherlich ein guter Kandidat. Aber eben nur einer. Eine Wahl hat man dann nicht mehr, und der Feind des Guten ist bekanntlich der Bessere. Und wenn nicht: Dann droht ein Desaster. Trotzdem kom- men in Deutschland etwa 70 Prozent aller extern besetzten Interim-Management- Mandate über diesen Weg zustande. Allerdings mit deutlich abnehmender Tendenz.

Die Beauftragung eines Dienstleistungsunternehmens

Ein professioneller Interim-Management-Anbieter setzt sich zunächst einmal intensiv in einem persönlichen Gespräch mit dem Unternehmen, der Situation, der Aufgabe und der Erwartungshaltung des Auftraggebers auseinander. Die notwendige Beurtei- lungskompetenz hierfür bringt er aus eigenen Top-Management-Einsätzen und lang- jähriger Beratungserfahrung mit. Auf Basis des gemeinsam erarbeiteten Aufgaben- und Ziel-Verständnisses entwickelt er ein Idealprofil des gesuchten Interim Managers. Aus seinem Netzwerk selektiert er anschließend die Kandidaten, die für die Aufgabe in Frage kommen. Dem Auftraggeber schlägt er idealerweise zwei bis drei sehr unter- schiedliche Kandidaten vor, die die Lösung der Aufgabe mit hoher Wahrscheinlichkeit auf verschiedene Weise vorantreiben würden. Damit bietet er dem Auftraggeber eine echte Wahlmöglichkeit. Bei der Entscheidung für den idealen Kandidaten steht er dem

Unternehmen beratend zu Seite. Anschließend steuert der Anbieter das Mandat und fungiert dabei als Ansprechpartner für Manager und Unternehmen. Er agiert als Krisen- und Qualitätsmanager und stellt sicher, dass die vereinbarten Ziele auch tatsächlich erreicht oder im Einzelfall angepasst werden. Vermehrt sitzt der verantwortliche Mitarbeiter des Dienstleisters auch in Projektlenkungsausschüssen.

Checkliste für die Auswahl des richtigen Dienstleisters

▸ Handelnde Personen: Welche Kompetenz bringen die Ansprechpartner des Anbieters bezüglich Aufgabenverständnis und Kandidateneignung aus eigener Management-Erfahrung mit? Sucht der Anbieter das persönliche Gespräch mit dem Auftraggeber?

▸ Geschäftsmodell: Arbeitet das Unternehmen als CV-Factory, die dem Auftraggeber fünf bis zehn Lebensläufe zur Verfügung stellt? Oder versteht sich der Dienstleister als Lösungsanbieter, der den gesamten Prozess, also auch die eigentliche Leistungserbringung, nach Auftragsvergabe, begleitet? Beide Ansätze können abhängig von der Aufgabenstellung sinnvoll sein.

▸ Erfahrung im Interim Management: Wie lange bewegt sich der Anbieter bereits im Interim-Management-Markt? Je länger er das Geschäft erfolgreich betreibt, desto mehr Kandidaten kennt er persönlich.

▸ Transparenz und Qualität des Manager-Netzwerks: Wie stellt der Anbieter sicher, dass er die Interim Manager in seinem Netzwerk wirklich kennt? Welche Voraussetzungen müssen die Kandidaten für die Aufnahme in das Netzwerk erfüllen? Gibt es Aufnahmehürden? Gibt es ein Qualitätsmanagement? Eine Drei-Mann-Show ist kaum in der Lage, 2.000 Manager wirklich zu kennen. Wie viele Ressourcen im Unternehmen beschäftigen sich mit der Administration der Datenbank und der Suche im eigenen Netzwerk nach den passenden Kandidaten?

▸ Referenzen: Wie viele Aufträge auf welchem Niveau führt das Unternehmen im Jahr durch? Über welche vergleich- und überprüfbaren Referenzen verfügen das Unternehmen oder der jeweilige Berater?

Die sorgfältige Auswahl des passenden Dienstleisters lohnt sich. Erfüllt ein Anbieter die oben genannten Punkte zur Zufriedenheit des beauftragenden Unternehmens, hat es künftig einen verlässlichen Partner für die professionelle Suche nach Interim Managern an der Seite.

Fall »»»

Interimistischer Chief Executive Officer (CEO)

- **Kunde:** Siemens Enterprise Communications GmbH & Co. KG
- **Zeitraum:** August bis Dezember 2008
- **Einsatzort:** Shanghai und Peking
- **Größe des Unternehmens:** 14.000 Mitarbeiter, ca. drei Mrd. Euro Umsatz pro Jahr; Größe der Tochtergesellschaft: 400 Mitarbeiter, 40 Mio. Euro Umsatz pro Jahr

Die Aufgabe

Siemens Business Communication Systems suchte 2008 sehr kurzfristig einen Geschäftsführer, der die Führung des Chinageschäfts bis zur Benennung eines permanenten Geschäftsführers interimistisch übernimmt. Die Aufgabe bestand in der Neuausrichtung des Chinageschäfts, der Reorganisation der Vertriebsstrukturen und einer Steigerung des Umsatzes. Siemens Management Consulting hatte bereits Vorarbeit geleistet und Strategiekonzepte erarbeitet, die für die Umorganisation genutzt werden konnten.

Unternehmensprofil

Siemens Enterprise Communications entwickelt und vermarktet weltweit Kommunikations- und Netzwerklösungen für Kunden aus den Bereichen Hotel, Transport, Finanzen, Produktion und Energieversorgung, zum Beispiel Shanghai Transrapid, Eastern Airlines, Chery Automobile, Kempinski und Nanning CERC. Siemens Business Communication Systems Ltd. (SBCS) wurde 1993 als Tochtergesellschaft von Siemens (China) Ltd. gegründet und ist die chinesische Vertriebsgesellschaft der Siemens Enterprise Communications in China. SBCS beschäftigte im August 2008 rund 400 Mitarbeiter und erwirtschaftete einen Umsatz von ca. 40 Mio. Euro pro Jahr.

Interview mit Thomas Koegler
Leiter Human Resources der Siemens Enterprise
Communications GmbH & Co. KG

Herr Koegler, warum haben Sie sich für den Einsatz eines Interim Managers entschlossen?

Aufgrund eines Shareholder-Wechsels war die Gesellschaftsform der SBCS noch ungewiss. Deshalb konnten wir nicht abschätzen, wie die Aufgabe des Landeschefs China künftig aussehen würde. In dieser Situation kam uns die Flexibilität eines Interim-Management-Vertrags sehr entgegen.

Welche Anforderungen stellten Sie an den Interim Manager?

Wir suchten einen Manager, der langjährige Erfahrung als CEO eines chinesischen Unternehmens mitbringt und darüber hinaus über Know-how in der Restrukturierung einer chinesischen Gesellschaft verfügt. Seine Hauptaufgabe bestand darin, die optimalen Vertriebswege zu identifizieren und diese so schnell wie möglich auszubauen. Außerdem musste er rasch die richtigen strategischen Entscheidungen treffen: entweder Fokussierung auf eigene Produkte oder die Weiterführung von Third-Party-Produkten. Darüber hinaus war seine Einsatzbereitschaft gefragt. Von heute auf morgen musste er sein Privatleben umorganisieren, nach Shanghai umziehen und die Dinge dort sehr schnell anstoßen.

Welche Zielvorgaben gab es?

Zielvorgabe war, das Unternehmen so aufzustellen, dass neue Marktanteile gewonnen werden. Die geplante Reorganisation sollte innerhalb von drei Monaten vollzogen werden. Die Entscheidung zwischen eigenen oder Third-Party-Produkten musste bereits nach vier Wochen gefällt werden. Insgesamt war ein Einsatzzeitraum von fünf Monaten vorgesehen.

Welche Herausforderung hatte der Interim Manager zu bewältigen?

Zunächst musste der Interim Manager die Kernprobleme des Unternehmens herausfiltern. Dazu führte er Einzelinterviews mit den Mitarbeitern und stieß dabei schnell auf erfolgskritische Faktoren: Erstens offenbarte sich ein Zielkonflikt zwischen den Bereichen Vertrieb und Service. Der Verkauf arbeitete gegen den Service und der Service gegen den Verkauf. Zweitens zeigte sich, dass der Vertrieb viel zu schwach aufgestellt war. Drittens war das verkorkste Entlohnungssystem ein Thema. Die vorgesehenen Anreize waren viel zu kompliziert. Das hatte dazu geführt, dass der Vertrieb vor Ort das Entlohnungssystem eigenmächtig zu seinen Gunsten geändert hatte.

Wie ist der Interim Manager vorgegangen, um die Ziele zu erreichen?

Er reagierte schnell, indem er kurzerhand Vertrieb und Service zusammenlegte. Er schob den Ausbau des Vertriebsnetzes an, fokussiert darauf, neue Vertriebswege zu erschließen. Und er vereinfachte das Entlohnungssystem so weit, dass jeder Vertriebsmitarbeiter die Verdienstmöglichkeiten sofort verstand.

Was konnte der Interim Manager mit seinem Einsatz erreichen?

Für eine signifikante Marktanteilssteigerung war der Einsatzzeitraum von fünf Monaten zu kurz. Dies ist in einem Markt wie China mit einer Größenordnung von ungefähr 500 Mio. Euro nicht realisierbar. Aber es ist ihm in dieser kurzen Zeit bereits gelungen, den Abwärtstrend zu stoppen und in einen Aufwärtstrend umzuwandeln. Außerdem erreichte er eine signifikante Kosteneinsparung.

Was glauben Sie, weshalb der Interim Manager erfolgreich war?

Erfolgreich war er in erster Linie, weil er die Personen im Unternehmen identifizierte, die ihn mit ihrer Arbeit bei der Erfüllung seines Auftrags unterstützten. Dafür benötigt man ein sehr gutes psychologisches Gespür, interkulturelle Kompetenz und Seniorität. Darüber hinaus sind Kenntnisse der Landesspezifika und ein funktionierendes Netzwerk die Voraussetzung, um in einem ausländischen Markt Fuß zu fassen. Sie müssen in den Markt hineingehen und Augen und Ohren offen halten. Als Generalist tut man sich hier leichter, denn letztlich müssen Sie die Mechanismen des lokalen Marktes und die Business Practices des Landes verstehen.

《 Konzept

Rüdiger Kabst / Wolfgang Thost / Rodrigo Isidor

Akzeptanz des Interim Managers: Wie gewinnt er sie?

Aufgrund der zeitlich befristeten Verweildauer in einem Unternehmen muss ein Interim Manager besonders schnell die Akzeptanz und das Vertrauen von Mitarbeitern und relevanten Stakeholdern gewinnen. Andernfalls boykottieren sie sein Vorgehen und gefährden den Erfolg seines Auftrags. Zugleich muss er das bei der Auftragsvergabe vorhandene Vertrauen seiner Auftraggeber im Laufe seines Mandats immer wieder bestätigen. Nur so kann er die notwendigen Handlungsspielräume wahren, die für die Durchschlagskraft und Nachhaltigkeit der von ihm eingeleiteten Maßnahmen notwendig sind.

Als akzeptanzfördernde Maßnahmen haben wir Information, Partizipation und Qualifizierung identifiziert. Mit diesen Instrumenten kann der Interim Manager auch bei schwierigen Mandaten ein höheres Akzeptanzniveau aufbauen als festangestellte Manager in der gleichen Situation. Es wäre jedoch zu kurz gegriffen, diese Maßnahmen als Allheilmittel zu sehen. Auch die Sozialkompetenz des Interim Managers trägt entscheidend zur Akzeptanzgewinnung bei. Zudem wird ein Interim Manager beispielsweise bei Restrukturierungsmandaten niemals die Akzeptanz sämtlicher Stakeholder gewinnen. Kommt es im Rahmen solcher Mandate zu Personalabbau, Verlagerung, Verkäufen oder Schließung von Unternehmensteilen, ist es mehr als verständlich, wenn die Akzeptanz des Interim Managers bei den betroffenen Mitarbeitern schwindet.

Eine möglichst hohe Passgenauigkeit der Erfahrungen eines Interim Managers mit den im Unternehmen anstehenden Aufgaben sowie eine Überqualifikation hinsichtlich Komplexität und Dimension sind die entscheidenden Hebel, um eine möglichst hohe Akzeptanz und damit einhergehend hohe Erfolgswahrscheinlichkeit sicherzustellen.

Im Fallbeispiel der nora systems GmbH gelang es dem interimistischen Geschäftsführer in einer sehr kritischen Restrukturierungsphase innerhalb kürzester Zeit das Vertrauen der Mitarbeiter zu gewinnen. Er schaffte Transparenz, kommunizierte offen und band die gesamte Belegschaft mit ein. Damit schuf er die Basis für die gemeinsame Gestaltung der Zukunft des Unternehmens.

Akzeptanz bei Stakeholdern, insbesondere bei Mitarbeitern, ist für jede Führungskraft ein kritischer Erfolgsfaktor. Wenn es jedoch für interne Führungskräfte schon nicht trivial ist, diese Akzeptanz aufzubauen, wie gelingt es dann Managern auf Zeit?

Gerade beim Thema Interim Management wird die Akzeptanzfrage voreilig als komplex und unlösbar hochstilisiert. Ein Interim Manager hat es in der Tat nicht leicht, wenn er ein Mandat antritt. Als externer Manager wird er als Fremdkörper wahrgenommen, der ohne den entsprechenden Stallgeruch für eine kurze Zeit im Unternehmen tätig ist. Auch die typischen Aufgaben, wie zum Beispiel Restrukturierung, machen ihn bei den Mitarbeitern nicht unbedingt beliebt. Insbesondere bei den vom Veränderungsprozess negativ Betroffenen werden schnell Aussagen wie „Der kommt doch nur auf Zeit!" laut.

Diese Sichtweise ist jedoch zu kurz gegriffen. Ein Interim Manager steht vor den gleichen Akzeptanzherausforderungen wie jede andere Führungskraft, aber aufgrund seiner Qualifikation und Umsetzungskompetenz bei akuten Problemen hat gerade er die Möglichkeit, sich innerhalb kürzester Zeit Akzeptanz zu erarbeiten.

Akzeptanz – ein schillernder Begriff mit Tiefgang

Akzeptanz ist definiert als Bereitschaft, etwas hinzunehmen oder gutzuheißen. Sichtbar wird sie in aktiver oder passiver Zustimmung gegenüber Handlungen und Denkstrukturen anderer Personen oder Organisationen. Krüger (2006) unterscheidet in diesem Kontext zwischen der Einstellungs- und der Verhaltensakzeptanz. Die Einstellungsakzeptanz bezieht sich auf die auf Nutzenkalkülen beruhende Haltung gegenüber bestimmten Zielen und Maßnahmen sowie die innere Einstellung eines Menschen. Die Verhaltensakzeptanz hingegen zeigt sich in der Neigung, aktiv an der Realisation dieser Ziele mitzuwirken beziehungsweise dies zu unterlassen.

Um vorab einen Eindruck zu bekommen, wie es um die Akzeptanz von Interim Management seitens der Stakeholder aussieht, haben wir sowohl Unternehmen als auch Interim Manager um eine entsprechende Einschätzung gebeten. Die Ergebnisse zeigen, dass die Akzeptanz von Interim Management bei Geschäftspartnern, Kunden und Mitarbeitern deutlich höher ist als in der Öffentlichkeit und bei den Gewerkschaften. Auffällig hierbei ist, dass Stakeholder, zu denen ein direkter Kontakt existiert, positiver votieren. Im Umkehrschluss heißt das, dass der Interim Manager seine Akzeptanz bei Geschäftspartnern, Kunden und Mitarbeitern aktiv positiv beeinflussen kann.

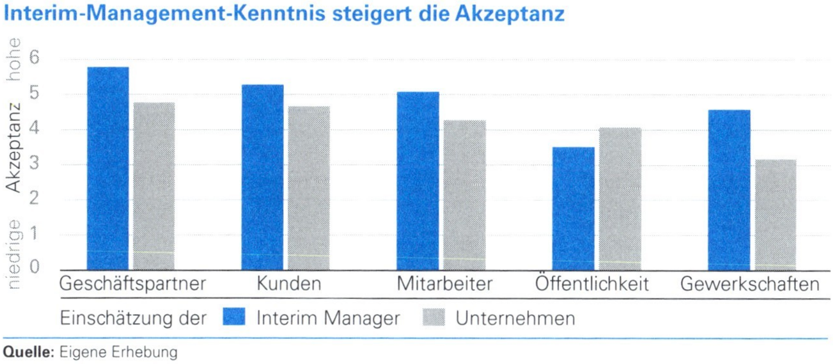

Interim-Management-Kenntnis steigert die Akzeptanz

Quelle: Eigene Erhebung

Abb. 31: Akzeptanz von Interim Managern

Weiterhin zeigen die Ergebnisse, dass die Einschätzungen der Interim Manager positiver ausfallen als die der Unternehmen. Somit nimmt der Interim Manager die Akzeptanz höher wahr. Nur die Akzeptanz von Interim Management in der Öffentlichkeit sehen Interim Manager kritischer als Unternehmen, was insgesamt für eine vernünftige Selbsteinschätzung spricht.

Fokus – Akzeptanz bei den Mitarbeitern

Das Modell von Pankow (1986) erläutert anschaulich das Zustandekommen von Akzeptanz bei Mitarbeitern.

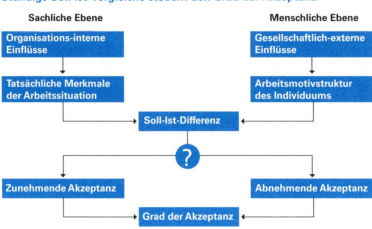

Abb. 32: Das Akzeptanzmodell nach Pankow

Die individuellen Bedürfnisse und Motive jedes Mitarbeiters beeinflussen die Akzeptanzbereitschaft, da die organisatorischen Veränderungen und ihre Konsequenzen aus subjektiver Perspektive bewertet werden. Die vorhandenen Informationen stellen die Basis für diese innere Entscheidung dar und sind deshalb von großer Bedeutung für Zustimmung oder Ablehnung. Dem Modell zufolge finden permanent Soll-Ist-Vergleiche im Menschen statt, wobei das Soll der Arbeitsmotivstruktur dem Ist der speziellen Arbeitssituation gegenübergestellt wird. Folglich aktualisiert sich der Grad der Akzeptanz kontinuierlich.

Ein Interim-Management-Einsatz nimmt natürlich Einfluss auf die subjektiv wahrgenommene Arbeitssituation der betroffenen Mitarbeiter im Unternehmen und somit deren Ist-Situation. Häufig fürchten die Angestellten um ihren Status, um selbst geschaffene Freiräume, um ihre soziale Situation und in letzter Konsequenz um ihren Arbeitsplatz.

Da die Mitarbeiter in der Regel keinen direkten Einfluss auf den Einsatz eines Interim-Management-Mandats ausüben können, werden sie auch als passiv Innovierende bezeichnet. Der passiv Innovierende ist ein unmittelbar von der Veränderung Betroffener, der keine Mitwirkungsmöglichkeit hat, sein Verhalten aber der Neuerung anpassen muss. Das Verhalten der Mitarbeiter hängt davon ab, wie die Veränderungen subjektiv wahrgenommen und die Folgen eingeschätzt werden. Auf Basis der vorhandenen Informationen über das Mandat prognostiziert jeder Angestellte die Folgen für sich und vergleicht das Soll seiner individuellen Bedürfnisse mit dem Ist. Somit ergibt sich für jeden Mitarbeiter ein individueller Akzeptanzgrad.

Wie gewinnt ein Interim Manager die nötige Akzeptanz?

Die jeweilige Akzeptanz hängt also immer vom subjektiven Soll-Ist-Vergleich des einzelnen Mitarbeiters ab. Ein Interim Manager muss sich demnach bewusst sein, dass jede seiner Maßnahmen bei unterschiedlichen Mitarbeitergruppen zu verschiedenen Akzeptanzgraden führt.

Es gilt, Promotoren und potenzielle Promotoren zu gewinnen

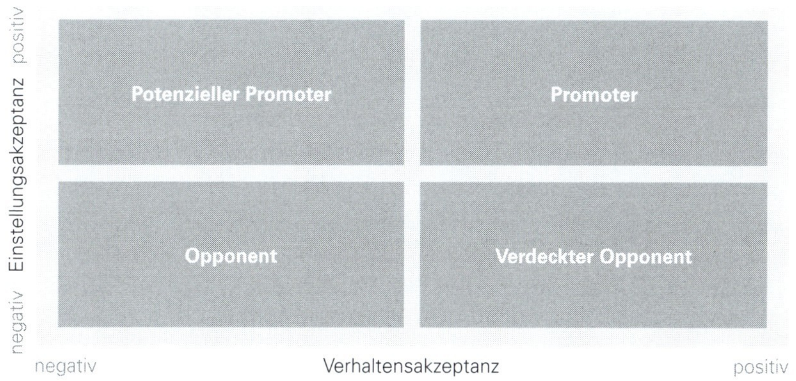

Potenzieller Promoter		**Promoter**
Opponent		**Verdeckter Opponent**

(y-Achse: Einstellungsakzeptanz — positiv / negativ)
(x-Achse: Verhaltensakzeptanz — negativ / positiv)

Quelle: Krüger (2006: 184)

Abb. 33: Positive und negative Akzeptanzen

Promotoren bringen dem Interim Management bereits Akzeptanz entgegen. Sie eignen sich deshalb besonders gut als Multiplikatoren für den Akzeptanzaufbau. Opponenten müssen hingegen erst vom Nutzen des Interim-Management-Mandats überzeugt, zumindest aber muss ihr negativer Einfluss auf das geplante Vorhaben unterbunden werden. Die potenziellen Promotoren benötigen eine starke Führung und intensive Überzeugung, damit sie Verhaltensakzeptanz entwickeln. Kritisch sind die verdeckten Opponenten, da sie anders handeln als sie denken und deshalb nur schwer zu erkennen sind.

Um die Akzeptanz der jeweiligen Mitarbeiter zu gewinnen, unterscheiden wir drei Strategien der Akzeptanzgewinnung: Information, Partizipation und Qualifikation.

Akzeptanzgewinnung durch Information

Die frühzeitige und umfassende Information der Mitarbeiter über den Einsatz des Interim Managers ist von großer Bedeutung für die Akzeptanzgewinnung. Schließlich stehen die Mitarbeiter dem externen Interim Manager zu Beginn des Mandats häufig verunsichert oder skeptisch gegenüber.

» Als Interim Manager sind Sie allein. Erst mal sind alle gegen Sie, weil sie nicht wissen, was der Kerl da soll. Sie müssen sich die Akzeptanz der Mitarbeiter erarbeiten. Sagen Sie klar, weshalb Sie eigentlich da sind. Überzeugen Sie die Leute. Erst dann haben Sie eine Vertrauensbasis. «

Peter Clotten, Interim Manager

Der Interim Manager sollte möglichst an seinem ersten Arbeitstag der Belegschaft, zumindest aber den zukünftigen direkten Kollegen vorgestellt werden. In jedem Fall muss die Unternehmensführung signalisieren, dass sie den Interim Manager vorbehaltlos unterstützt und sich nicht scheut, auch unangenehme Fragen zu beantworten.

Bei der Erläuterung seiner Aufgabe sollten die Verantwortlichen darauf hinweisen, dass ein operatives Defizit vorliegt, das nicht durch internes Personal beseitigt werden kann. Diese Begründung ist essenziell für den Abbau von Unsicherheiten. Werden die Kompetenz des Interim Managers und die Vorteile seines Einsatzes nicht kommuniziert, ist eine Chance zur unmittelbaren Gewinnung von Akzeptanz vertan.

Bei der Analyse zahlreicher Praxisbeispiele konnten wir feststellen, dass eine umfangreiche Information und Begründung des Mandats vor den Mitarbeitern in eine leichtere Integration und breitere Akzeptanz mündete. Hierbei sollten bei den Mitarbeitern jedoch keine unrealistischen Erwartungen geweckt werden, da auch ein Interim Manager keine Wunder vollbringen kann. Die Akzeptanz sinkt nämlich ebenso schnell, wie sie aufgebaut wurde, wenn die anfangs produzierten Erwartungen enttäuscht werden.

Akzeptanzgewinnung durch Partizipation

Partizipation besagt, dass Mitarbeiter mit eigenem Entscheidungsspielraum aktiv an Unternehmensprozessen mitwirken. Zahlreiche Studien belegen die positive Wirkung von Partizipation auf Akzeptanz (Böhnisch 1979; Vorwerk 1994; O'Brien 2002; Chong & Johnson 2007). Der Interim Manager sollte die Betroffenen, deren Tätigkeiten in direktem Zusammenhang mit seiner Aufgabe stehen, in die Aufgabenlösung miteinbeziehen. Dies gilt insbesondere für die verdeckten Opponenten. Diese Personengruppe kann durch schnell sichtbare Erfolge – so genannte Quick-wins – überzeugt werden. Zur Erzielung von Quick-wins sollten zuerst kleine prioritäre, möglichst risikoarme Vorhaben vorangetrieben werden. Schnelle Erfolge untermauern die Argumentation der Promotoren und schwächen die der Opponenten. Sie bieten zudem die Möglichkeit, die Ängste der Mitarbeiter in positiv wahrgenommene Herausforderungen umzuwandeln. Für den Interim Manager sind Quick-wins aber nicht nur zur Akzeptanzgewinnung der Mitarbeiter entscheidend. Auch seinen Auftraggebern kann er so schnell demonstrieren, dass er der Richtige für die Aufgabe ist.

Die Mitarbeiter an der Aufgabenlösung partizipieren zu lassen, sprich aus Betroffenen Beteiligte zu machen, wird von vielen Interim Managern als grundlegender Baustein gesehen, um die Akzeptanz der Mitarbeiter zu gewinnen. Ein besonderes Augenmerk sollte dabei auf die hochqualifizierten und leistungsmotivierten Festangestellten gelegt werden. Schließlich sind sie es, die bei mangelnder Akzeptanz am ehesten dazu neigen, das Unternehmen zu verlassen.

» Wenn die Mitarbeiter nicht mitziehen, können Sie Ihren Hut nehmen. «

Hans-Jürgen Bork, Interim Manager

Akzeptanzgewinnung durch Qualifizierung

Die Qualifizierung ist ein weiterer Schritt zu einer höheren Akzeptanz. Im Rahmen eines Interim-Management-Mandats ist Qualifizierung im Sinne von Know-how-Transfer besonders relevant. Ein Interim Manager muss gewährleisten, dass sein Wissen auch nach Ende des Mandats im Unternehmen verankert bleibt. Er vermittelt sein Wissen weiter mit dem Ziel, sich letztendlich selber überflüssig zu machen: Er kommt quasi, um zu gehen. Ein nachhaltiger Erfolg stellt sich erst dann ein, wenn das Unternehmen die Erfahrung und das Wissen des Managers internalisiert und die veränderten Prozesse und damit einhergehenden Verhaltensänderungen der Mitarbeiter implementiert hat.

Es gibt darüber hinaus die Möglichkeit, von vornherein ein hohes Akzeptanzniveau zu sichern, indem man bewusst einen Manager einsetzt, der überqualifiziert ist. Durch seine Erfahrung mit vergleichbaren, aber größeren und komplexeren Aufgabenstellungen, stellt er auch in der neuen Situation sicher, sich schnell einzuarbeiten und Erfolge vorweisen zu können.

Bei der Festanstellung ist eine Überqualifikation problematischer. Zum einen besteht die Gefahr, dass der Stelleninhaber unterfordert ist und das Unternehmen vorzeitig wieder verlässt. Zum anderen gelingt es häufig nicht, überqualifizierte Kandidaten für eine weniger attraktive Aufgabe zu interessieren und/oder sie ihren Erwartungen und Erfahrungen entsprechend zu vergüten.

Grenzen der Akzeptanzgewinnung

Natürlich sind die oben beschriebenen Maßnahmen keine Allheilmittel, die dem Interim Manager quasi instrumentell Akzeptanz garantieren. Er wird niemals in der Lage sein, jeden einzelnen Mitarbeiter zu überzeugen. Zudem kann sich der Akzeptanzgrad im Laufe des Mandats ändern. Steckt ein Unternehmen beispielsweise in der Krise, ist die Akzeptanz bei den Mitarbeitern zu Beginn hoch. Der Interim Manager kommt schließlich als Retter in der Not. In der folgenden Zeit werden die Mitarbeiter jedoch mit den Auswirkungen der Sanierung konfrontiert. Bei den von der Krise negativ Betroffenen verliert der Manager die Akzeptanz, was kaum zu verhindern und letztlich sogar verständlich ist. Entsprechend dem Akzeptanzmodell von Pankow verändert sich durch eine Neueinschätzung der Ist-Situation das Ergebnis des Soll-Ist-Vergleichs zum Negativen: Die Akzeptanz der Verlierer sinkt, die der Gewinner steigt. Dieses Dilemma muss der Interim Manager aushalten. Entscheidend ist der Gesamterfolg des Mandats.

»« Kommentar

Rainer Nagel

Perspektive des Interim-Management-Dienstleisters

Ohne Akzeptanz kein Erfolg

Gerade Interim Manager, die bei komplexen Aufgabenstellungen große Verantwortung tragen, brauchen das Vertrauen und die Akzeptanz der relevanten Stakeholder. Gleichzeitig müssen sie mit einer Reihe von Vorurteilen kämpfen:

▸ Ist das nicht ein abgehalfterter Kerl?

▸ Das ist ja ein Externer. Ist der überhaupt loyal zum Unternehmen?

▸ Der kennt uns doch gar nicht. Kann der das denn überhaupt?

▸ Der ist ja eh nur vorübergehend hier. Was kann der denn überhaupt bewirken?

Die Vorbereitung und der Start des Mandats

Die Ausgangslage ist in der Tat nicht ganz einfach. Daher müssen die Weichen für den Erfolg bereits gestellt werden, bevor der Interim Manager überhaupt einen Fuß ins Unternehmen gesetzt hat. Das beginnt mit einer klaren Definition der Aufgabe, der Ziele und der Erwartungshaltung des Auftraggebers. Diese Informationen geben Aufschluss darüber, welchen Grad an Vertrauen und Akzeptanz der Interim Manager bei den jeweiligen Stakeholdern tatsächlich benötigt.

Fall 1: Der interimistische Leiter Controlling führt die Planung für das folgende Jahr durch. Stakeholder sind die Mitglieder der Geschäftsführung und die Leiter der Bereiche Produktion und Vertrieb. Die Zielsetzung gibt wenig Anlass zu Diskussionen. Hinsichtlich der Stakeholder ist das Projekt nicht besonders komplex.

Fall 2: Deutlich komplexer ist das Mandat des interimistischen HR-Chefs, der im Auftrag des Vorstandsvorsitzenden alle HR-Prozesse im Unternehmen professionalisieren und gleichzeitig als Teilprojektleiter in ein laufendes Restrukturierungsprojekt einsteigen soll. Das Projekt soll dem Unternehmen noch im selben Jahr eine Verbesserung des Betriebsergebnisses um 30 Millionen Euro bringen. Dies soll vor allem durch effizientere Prozesse geschehen, die den Abbau von 20 Prozent der Mitarbeiter voraussetzen.

In diesem Projekt sind erfolgsrelevante Stakeholder der Vorstandsvorsitzende als Auftraggeber, die übrigen Vorstandsmitglieder, der Aufsichtsrat, die Mitarbeiter der Personalabteilung, alle Mitarbeiter des Unternehmens, Betriebsrat, Gewerkschaften, Restrukturierungsberater, Öffentlichkeit, Medien und Politik. Die konträren Ziele der unterschiedlichen Stakeholdergruppen, die existenzielle Betroffenheit der Mitarbeiter sowie die Berührung subjektiver Interessen erschweren in diesem Fall die Aufgabe des Interim Managers.

Entscheidend für den Erfolg des Interim Managers bei ähnlich komplexen Aufgabenstellungen sind aus unserer Sicht vor allem drei Faktoren:

1. **Passgenauigkeit und Überqualifikation.** Der Interim Manager muss der Richtige für das Mandat sein. Er hat mehrere vergleichbare Projekte, möglichst in höherer Komplexität und größerer Dimension, als Top-Manager verantwortet und als Projektleiter geführt. Er bringt das notwendige Handlungsspektrum mit, um die unterschiedlichen Stakeholder für sich und sein Vorgehen zu gewinnen. Durch seine Erfahrung und Überqualifikation verfügt er über die nötige Handlungssicherheit und Durchsetzungsstärke, um die Lösung der anstehenden Aufgaben sicher und zügig voranzutreiben.

2. **Klare Erwartungen der Stakeholder.** Spätestens nach einigen Wochen sind die Erwartungshaltungen der wichtigsten Stakeholder für den Interim Manager transparent, und es besteht Einigkeit darüber, ob, wie und unter welchen Rahmenbedingungen sie erfüllbar sind („Management of expectations").

3. **Vertrauen des Auftraggebers.** Der Interim Manager genießt die Akzeptanz und das unbedingte Vertrauen der wichtigsten Stakeholder. Dieses Vertrauen muss beim Start des Mandats klar und deutlich in die Organisation kommuniziert werden.

Die Durchführung des Mandats

Die ersten Tage und Wochen im Unternehmen haben häufig prägenden Charakter für den Verlauf und den Erfolg des Mandats. Der Manager steht unter strenger Beobachtung. Jede seiner Handlungen wird von den unterschiedlichen Stakeholdergruppen im Unternehmen registriert und interpretiert: Kann er uns wirklich helfen? Versteht er uns überhaupt? Ist er entscheidungs- und umsetzungsstark?

Ab dem Zeitpunkt, zu dem der Interim Manager im Unternehmen installiert ist, liegt der größte Hebel für Vertrauen und Akzeptanz seitens der relevanten Stakeholder beim Interim Manager selbst.

Der festangestellte Manager bekommt in der Regel die nicht mehr wörtlich zu nehmenden 100 Tage eingeräumt, um erste Erfolge zu erzielen. Der Interim Manager muss dagegen aufgrund der dringlichen Aufgaben bereits nach weniger als 100 Stunden seine Wirksamkeit entfalten. Die Erfolgsaussichten sind jedoch gut, da er ein Profi mit umfangreichen Erfahrungen in genau den Aufgabenstellungen ist, die im Unternehmen anstehen. Da das Unternehmen akute Aufgabenstellungen zu bewältigen hat, wird demjenigen, der sie löst, schnell hohe Achtung und Akzeptanz entgegengebracht.

Gehen wir davon aus, dass der richtige Interim Manager ausgewählt und durch den Auftraggeber mit hohem sichtbaren Vertrauensvorschuss positioniert und mit den entsprechenden Entscheidungskompetenzen ausgestattet wurde. Welche Faktoren, Handlungen oder Vorgehensweisen sind es dann, die dem Interim Manager dabei helfen, Vertrauen aufzubauen und auf breiter Ebene Akzeptanz zu gewinnen?

1. **Erst zuhören, dann Meinungen bilden:** Das Zuhören charakterisiert die ersten Tage des Interim Managers im Mandat. Er wird die Gelegenheit wahrnehmen, mit allen relevanten Stakeholdern Gespräche zu führen. Das können in der ersten Woche schnell 30 bis 40 Gespräche sein. Ergänzt durch das Studium vorhandener Unterlagen und auf Basis seiner Erfahrung wird der Interim Manager schnell zu Einschätzungen von Personen gelangen und erste inhaltliche Hypothesen formulieren, die er dann im Verlauf seiner Gespräche verdichten oder verwerfen wird. Er wird verstehen, wie das Unternehmen tickt, nach welchen Spielregeln gespielt wird, was gut ist und was er ändern muss.

2. **Schnell vorzeigbare Erfolge:** Breit kommunizierte Quick-wins bestärken Auftraggeber und Promotoren, lassen Kritiker verstummen und schaffen damit die nötige Ruhe für die wirklichen Herausforderungen. Die Identifikation schnell zu realisierender Potenziale und die zügige Umsetzung der entsprechenden Maßnahmen gelingen dem Interim Manager auf Grund seiner umfangreichen Erfahrung.

3. **Führung übernehmen, Kompetenz zeigen, präsent sein:** Präsenz ist ein wichtiger Punkt beim Einsatz von Interim Managern. Wenn ein Interim Manager am Montag erst um 11 Uhr in der Firma aufschlägt und sich regelmäßig am Freitag um 12 Uhr verabschiedet, werden Mitarbeiter und andere Stakeholder schnell an seiner Identifikation mit der Aufgabe zweifeln. Wie will man den Mitarbeitern die Dringlichkeit der Situation klarmachen, wenn der Chef selbst kein Vorbild ist? Der Interim Manager muss das, was er von den Mitarbeitern verlangt, selbst vorleben. Sonst leidet die Glaubwürdigkeit erheblich.

Gleiches gilt für die inhaltliche Seite. Der Interim Manager tut gut daran, die Leitung des schwierigsten Projekts selbst zu übernehmen. Er muss den Mitarbeitern und Kollegen zeigen, dass er sich für die Drecksarbeit nicht zu schade ist und unangenehme Aufgaben selbst übernimmt. Das führt zur Akzeptanz des Führungsanspruchs und schafft Gefolgschaft.

4. **Betroffene zu Beteiligten machen.** Interim Manager müssen Opponenten einbinden und sich mit ihren Widerständen auseinandersetzen. Der beste Botschafter und Multiplikator ist ein ehemaliger Opponent, den der Interim Manager für sich gewinnen konnte. Ziel des Interim Managers muss es sein, eine kritische Masse an aktiver Unterstützung und passiver Akzeptanz zu erreichen.

5. **Die Aufgabe steht im Mittelpunkt:** Der Interim Manager ist ausschließlich der Lösung der konkreten Aufgabenstellung verpflichtet. Dieser Erfolg ist zugleich seine Visitenkarte. Er muss sich nicht selbst positionieren, es gibt keinen Vorstandsvertrag, der verlängert werden soll, er hat niemandem im Unternehmen gegenüber historische Verpflichtungen. Für seinen Führungsstil bedeutet das: Aufgabenorientierung wird honoriert, persönliche Politik sanktioniert. Das führt im Unternehmen zu einer Konzentration der vorhandenen Energie auf die anstehenden Aufgaben sowie zu einer deutlichen Verringerung von blindem Aktionismus.

6. **Kommunikation, Kommunikation, Kommunikation:** „Tue Gutes und sprich darüber!", heißt ein altes Sprichwort. Das gilt für den Interim Manager im Besonderen. Gleichzeitig ist es für ihn wichtig, die Interpretationshoheit über alle Geschehnisse zu erlangen und zu behalten. Er bestimmt, was er wann, an wen und in welcher Form kommuniziert. Dabei ist zu beachten, dass man nicht nicht kommunizieren kann: Nichts sagen ist auch Kommunikation. In diesem Fall würde der Interim Manager die Interpretationshoheit abgeben und dem Flurfunk Tür und Tor öffnen.

Die Rolle des Interim-Management-Anbieters besteht in dieser Phase darin, den Interim Manager zu coachen und durch regelmäßige Kommunikation mit dem Auftraggeber sicherzustellen, dass Vorgehensweise und Erwartungshaltung in Deckung sind. Eventuell wird es seine Aufgabe sein, Konflikte zu lösen und Unterstützung in Form weiterer Management-Ressourcen anzubieten. Damit spielt der Dienstleister auch in der Umsetzungsphase in vielen Mandaten eine wichtige Rolle. Vor allem, wenn es darum geht, die Akzeptanz des Interim Managers in kritischen Projektphasen bei seinem wichtigsten Stakeholder, dem Auftraggeber, sicherzustellen.

«« «« « Fall

Interimistischer Geschäftsführer

- ▶ **Kunde:** nora systems GmbH
- ▶ **Zeitraum:** Juni 2006 bis September 2007
- ▶ **Einsatzort:** Weinheim (Bergstraße) im Rhein-Neckar-Dreieck
- ▶ **Größe des Unternehmens:** 1.100 Mitarbeiter weltweit, davon 891 in der Zentrale in Weinheim. Umsatz: 167,4 Mio. Euro in 2008

Die Aufgabe

Freudenberg ist eine Unternehmensgruppe mit 14 operativ selbständigen Geschäftsgruppen und zwei Geschäftsbereichen, die weltweit in unterschiedlichen Märkten tätig sind. 2006 beschließt der Konzern, die Tochtergesellschaft nora systems GmbH, vormals Freudenberg Bausysteme KG, zu veräußern, da sie nicht in das langfristige strategische Unternehmensportfolio passt. Aufgabe des interimistischen Geschäftsführers ist es, einen umfassenden Restrukturierungsprozess einzuleiten, um das Unternehmen innerhalb von zwölf Monaten auf Erfolgskurs zu bringen. Zusätzlich hat der Interim Manager den M&A-Prozess aktiv zu begleiten, damit ein optimales Verkaufsergebnis erzielt wird.

Unternehmensprofil

Die nora systems GmbH entwickelt, produziert und vermarktet hochwertige elastische Bodenbeläge sowie Schuhkomponenten unter der Marke nora®. Das Unternehmen mit Stammsitz in Weinheim entstand 2007 aus der Freudenberg Bausysteme KG. Weltweit kommen Menschen mit nora®-Bodenbelägen in Berührung, beispielsweise im Flughafen Pudong in China, in der City Hall in London oder in den Filialen der britischen Warenhauskette Marks & Spencer.

Interview mit Heinz Futscher
Geschäftsführer der nora systems GmbH

Was war Ihre Aufgabe als interimistischer Geschäftsführer der nora systems GmbH?

Das Ergebnis des Unternehmens hatte sich über viele Jahre hinweg verschlechtert. Entsprechend umfassend war die Restrukturierungsaufgabe. Es mussten sowohl die Produktionsabläufe als auch die Herstellungsprozesse neu organisiert und der Vertrieb sehr viel effizienter aufgestellt werden. Was aber das Entscheidende war: Die Führungsmannschaft und die insgesamt 1.000 Mitarbeiter mussten motiviert werden, völlig neue Wege im Rahmen des Restrukturierungsplans mitzugehen.

Anfang 2007 blockierte die Belegschaft der Konzerntochter nora das Werkstor am Stammsitz Freudenberg in Weinheim und protestierte gegen die Verkaufspläne der Konzernführung. Was war geschehen, und wie haben Sie reagiert?

Ein potenzieller Kaufinteressent wollte Teile der Produktion durch eigene Produkte ersetzen. Das hätte Produktionsverluste am Standort Weinheim zur Folge gehabt. Ich habe sofort eine Mitarbeiterversammlung abgehalten und parallel dazu im Intranet mein handschriftliches Konzept eines idealen Käufers, der die die Fortführung des Geschäftes sicherstellt, veröffentlicht. Dadurch fühlten sich die Mitarbeiter ernst genommen. Mir gelang es anschließend, in intensiven Gesprächen mit dem Betriebsrat und in einer weiteren Betriebsversammlung das Vertrauen der Belegschaft zurückzugewinnen.

Wie ging es weiter?

Wir stellten die Verhandlungen mit dem Kaufinteressenten ein und setzten den Verkaufsprozess mit klaren Vorgaben neu auf. Dazu zählten ein zeitlich befristeter Ausschluss betriebsbedingter Kündigungen und die langfristige Rückmietung des Fertigungsstandorts in Weinheim.

Was waren die Kernhebel der Sanierung?

Die Motivation der Mitarbeiter. Nach einer sehr schnellen Analyse der Ist-Situation präsentierte ich die Ergebnisse dem Betriebsrat. Anschließend informierte ich die Belegschaft in zwei Betriebsversammlungen über die Neuerungen – und zwar so erfolgreich, dass die komplette Belegschaft bereit war, begeistert mitzumachen. Dank der Maßnahmen in der Produktion und im Vertrieb konnten wir das vorgegebene Gewinnziel innerhalb von sechs Monaten überschreiten und nach einem Jahr fast verdoppeln.

Welche Verbesserungspotenziale sahen Sie im Unternehmen und wie setzten Sie diese um?

Entscheidend war die Erhöhung der Effizienz der weltweiten Vertriebsstruktur. Wir haben die Vertriebsorganisation neu strukturiert und die Zuständigkeiten inhouse klar gegliedert, sodass schließlich der richtige Mann an der richtigen Stelle saß. Um die Kostenstruktur zu verbessern, setzten wir klassische Maßnahmen, wie eine Straffung des Einkaufs, Optimierung der Logistik oder Einsparungen bei den direkten Fertigungskosten, um.

Aus Freudenberg Bausysteme KG wurde die nora systems GmbH. Zu welchem Zeitpunkt fand das Rebranding statt?

Die Umfirmierung fand nach Abschluss des Mergers am 1. Oktober 2007 statt. Da das Produkt ohnehin schon immer unter der Marke nora verkauft wurde, war es sehr leicht, die Kunden zu überzeugen, dem Unternehmen die Treue zu halten. Im Anschluss an den Restrukturierungsprozess haben wir das Branding komplett neu erarbeitet und im Markt im ersten Quartal 2009 umgesetzt.

Das war ein großer, messbarer Erfolg innerhalb kurzer Zeit.

Ja, das führte dazu, dass mein Interim-Management-Vertrag um ein halbes Jahr verlängert wurde, da das Potenzial aus der Restrukturierung noch längst nicht ausgeschöpft war. Nach Ablauf des 15-monatigen Projektes war der Verkaufswert um rund 60 Prozent gestiegen.

Aus welchem Grund hatte sich der Konzern zunächst für Ihren Einsatz als interimistischer Geschäftsführer entschieden?

Ein Interim Manager ist unabhängig und daher viel besser in der Lage, ein Unternehmen zu restrukturieren, das verkauft werden soll. Die vorherige Geschäftsführung ist dazu kaum in der Lage. Wer sägt schon den Ast ab, auf dem er sitzt?

Sie sind heute als festangestellter Geschäftsführer für nora tätig.

Eine Hauptbedingung der Investoren für den Kauf war meine Bereitschaft, mich vertraglich mindestens zwei Jahre durch eine Festanstellung zu binden.

Wo steht das Unternehmen heute?

Der Erfolgskurs des Unternehmens konnte im Geschäftsjahr 2008 mit gleicher Dynamik wie in 2007 fortgesetzt werden, sodass das Unternehmen seine Marktposition weiter festigen konnte.

« Konzept

Rüdiger Kabst / Wolfgang Thost / Rodrigo Isidor

Erfolge des Interim Managers: Sind sie messbar?

„Habe ich einen guten Job gemacht?" Die Antwort auf diese Frage interessiert nach Abschluss des Mandats nicht nur den Interim Manager selbst, sondern natürlich auch den Auftraggeber und den Dienstleister. Die Erfolgsevaluation ist bei Interim Managern jedoch nicht so einfach: Ihre Maßnahmen schlagen sich häufig erst dann in den Unternehmenskennzahlen nieder, wenn sie das Unternehmen schon wieder verlassen haben. Bei fast einem Drittel der von uns befragten Unternehmen führt dies dazu, dass der Erfolg des Interim Managers gar nicht gemessen wird. Dies ist für alle Beteiligten wenig zielführend und steht einer Professionalisierung des Interim-Management-Marktes im Wege.

Die meisten Unternehmen, die den Erfolg ihres Interim Managers evaluieren, favorisieren Zielvereinbarungen, die im Idealfall gemeinsam mit dem Interim Manager formuliert werden. Dabei sollten die Ziele hoch gesteckt, aber dennoch realistisch, klar formuliert und ausreichend spezifiziert sein. Außerdem müssen die Ziele in Bezug auf Qualität, Quantität, Zeit und Kosten messbar sein. Diese Messbarkeit stellt sicherlich die größte Herausforderung bei der Zielfestlegung dar, und zwar nicht nur im Interim Management, sondern generell.

Da die Erfolgsevaluation der Unternehmen nur bedingt aussagekräftig ist, nehmen Dienstleister häufig eine eigene Bewertung ihrer Interim Manager vor. Dies erfolgt zumeist durch standardisierte Bewertungsmethoden. Diese Verfahren bedürfen jedoch einer weiteren Professionalisierung, um die Objektivität, Nachhaltigkeit und Transparenz zu erhöhen. Eine weitere gängige Methode zum Nachweis erfolgreich abgeschlossener Mandate stellt das Referenzschreiben des Auftraggebers dar. Einige Auftragsunternehmen lehnen dies jedoch ab, weil sie die Beanspruchung externer Hilfe geheim halten möchten. Manche Interim Manager entwerfen solche Schreiben selbst, so dass deren Objektivität - ebenso wie die von selbst verfassten Arbeitszeugnissen - fraglich ist. Eine Alternative stellt die Erfolgsevaluation durch eine unabhängige Institution dar, die die Auftragsunternehmen nach ihrer Zufriedenheit mit der Leistung des Interim Managers befragt.

In der Praxis begnügt man sich oft mit einer pragmatischen Vorgehensweise: Erfolg ist dann gegeben, wenn ein Projekt verlängert wird, wenn es zum Folgeauftrag kommt, und schließlich, wenn die vereinbarte Erfolgsprämie im vollen Umfang bezahlt wird.

Grundsätzlich ist die Erfolgsmessung im Interim Management flexibel und wird von Projekt zu Projekt individuell aufgesetzt. Im Fallbeispiel der Versatel AG musste der interimistische CIO die IT innerhalb der Organisation als kundenorientierten Dienstleister positionieren. In diesem Fall konnte der Erfolg nicht einfach anhand von Umsatzzahlen gemessen werden. Klient, Dienstleister und Interim Manager vereinbarten daher die quartalsweise Zahlung einer Success Fee in Form eines Zufriedenheitsbonus auf Vertrauensbasis. Im Vordergrund stand das Erreichen wichtiger Meilensteine, die in regelmäßigen Statusgesprächen nachvollzogen wurden.

Mitarbeiterbeurteilungen sind aus der heutigen Unternehmenspraxis nicht mehr wegzudenken. Regelmäßige wertschätzende Evaluationen motivieren und bringen ungenutztes Potenzial, verborgene Kompetenzen und Optimierungsbedarf zum Vorschein.

Bei Interim Managern gestaltet sich die Leistungsbewertung schwieriger, da sie nur für eine begrenzte Zeit im Unternehmen tätig sind und sich der Erfolg ihrer Arbeit nur teilweise während des Mandats manifestiert. Dabei ist gerade für Interim Manager eine Beurteilung ihrer Leistung von Bedeutung, da positive Bewertungen bei der Akquise neuer Mandate hilfreich sind. Sie signalisieren dem potenziellen Auftraggeber Erfahrung, Kompetenz und Umsetzungsfähigkeit.

Unternehmensinterne Erfolgsmessung

Während bei festangestellten Führungskräften die Mitarbeiterbeurteilung selbstverständlich sein sollte und häufig die Grundlage einer variablen Vergütung darstellt, ist die Bewertung von Interim Managern weniger verbreitet.

HR- und Marketing-Projekte sind schwer messbar

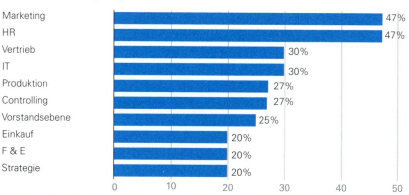

Quelle: Cranet (2005)

Abb. 34: Bereiche, in denen keine Erfolgsevaluation von Interim Managern stattfindet

Nahezu ein Drittel der von uns befragten Unternehmen geben an, auf eine Evaluation zu verzichten. Noch seltener ist eine Beurteilung, wenn der Interim Manager in den Bereichen Marketing oder Personal eingesetzt wird. Hier wird nur jedes zweite Mandat systematisch bewertet. In Bereichen, in denen quantitative Größen zur Erfolgsmessung vorliegen, wird die Leistung des Interim Managers hingegen häufiger dokumentiert.

Unterschiedliche Evaluationsmethoden

In den Unternehmen existieren unterschiedliche Methoden, um den Erfolg des eingesetzten Interim Managers zu messen.

Eine Zielvereinbarung erleichtert die Erfolgsmessung

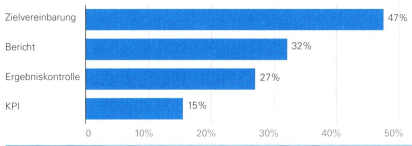

Quelle: Cranet (2005)

Abb. 35: Formen der Erfolgsevaluation

Die Abbildung zeigt, dass nur in den seltensten Fällen Key-Performance-Indikatoren (KPI) herangezogen werden. Etwas häufiger werden die Ergebniskontrolle und die Erstellung von Ergebnisberichten eingesetzt. Mit Abstand am weitesten verbreitet ist die Erfolgsmessung mittels Überprüfung des Zielerreichungsgrades.

Die richtigen Ziele setzen

Damit ein Interim Manager anhand eines Zielerreichungsgrades evaluiert werden kann, müssen vor oder spätestens während seiner Tätigkeit konkrete Ziele festgelegt werden. Aus betriebswirtschaftlicher Perspektive helfen Ziele, Aktivitäten zu bündeln und durch den gezielten Einsatz von Ressourcen einen höheren Nutzen zu erzielen. Locke und Latham (1990) formulieren in ihrer Zielsetzungstheorie vier Prinzipien:

1. Ziele sollten schwierig und herausfordernd, aber dennoch erreichbar sein.

2. Ziele sollten spezifisch und klar formuliert sein.

3. Der Interim Manager sollte in den Prozess der Zielsetzung einbezogen werden.

4. Ziele sollten in Bezug auf Qualität, Quantität, Zeit und Kosten messbar und nachvollziehbar sein.

Während das erste Prinzip auch für das Interim Management umsetzbar ist, zeigte sich in den durchgeführten Interviews, dass die übrigen Prinzipien in der Praxis problematisch sind. Unternehmen legen häufig schon vor der Beauftragung des Interim Managers die spezifischen Ziele fest. In vielen Fällen kennen sie jedoch die eigentliche Ursache des Problems nur ungenügend, so dass diese Ziele nicht ausreichen, um das Problem zu beschreiben.

Einige der interviewten Unternehmensvertreter empfehlen, zu Beginn des Mandats nur grobe Ziele abzustecken. Eine detaillierte Zielvereinbarung wird erst vorgenommen, wenn der Interim Manager ausreichend Zeit hatte, das Unternehmen kennenzulernen, die Ursachen des Problems näher zu spezifizieren und realistische Zielgrößen zu bestimmen. Das heißt, eine sinnvolle Zielvereinbarung setzt die Abstimmung zwischen dem Unternehmen und dem Interim Manager voraus. Darüber hinaus ist eine Partizipation des Interim Managers an der Zielfestlegung förderlich für das Commitment.

» Bei allen Mandaten, die ich angefangen habe, hat die ursprüngliche Problembeschreibung maximal 30 Prozent von dem abgedeckt, was tatsächlich im Argen lag. «

Stephan Mayer, Interim Manager

Das Prinzip der Messbarkeit ist sicherlich am schwierigsten umzusetzen. In einigen Fällen muss der Interim Manager das für eine objektive Zielsetzung nötige Zahlenwerk sogar erst selber schaffen. Relativ einfach zu erfassen sind vollständig neue Implementierungen und quantitative Messgrößen in Bereichen wie Produktion, Vertrieb und Logistik. Hier können die Werte auf Einzelpersonen heruntergebrochen oder als Teamergebnis betrachtet werden. Voraussetzung ist natürlich, dass sich die Tätigkeit des Interim Managers auch auf diese Größen auswirkt. Schwieriger gestaltet sich eine Bewertung des Interim Managers, wenn keine quantitativen Größen existieren, und die Evaluation anhand qualitativer Werte durchgeführt werden muss.

> *» Jeder Zielvereinbarungsprozess ist nur so gut wie seine Ziele und deren Messbarkeit. «*
>
> **Günter Bittelmeyer**, ehemaliger Personaldirektor Tognum AG

Wenn die festgelegten Ziele quantifizierbar und messbar sind, bedeutet dies noch nicht, dass sie sich auch für eine Erfolgsbewertung des Interim Managers eignen. Nehmen wir an, ein Interim Manager bekommt die Vorgabe, die Kosten zu senken. Strebt er nach einer erfolgreichen Evaluation seiner Leistung, wird er eine intensive Kostensenkung betreiben, die seiner Zielerreichung dient, dem Unternehmen jedoch langfristig schadet. Da ein Interim Manager im Durchschnitt oft nur sechs bis neun Monate in einem Unternehmen tätig ist, müssten andere die negativen Folgen eines solchen Verhaltens ausbaden.

Dieser Time-lag zwischen Maßnahme und Wirkung wird auch dann akut, wenn Key Performance Indicators (KPI) herangezogen werden, die nur quartalsmäßig, halbjährlich oder jährlich erhoben werden. Die definierten Ziele müssen daher so gewählt werden, dass sie in dem Zeitraum, in dem der Interim Manager eingesetzt ist, erreichbar und messbar sind. Unsere Umfrage hat ergeben, dass ein Mandat mit einer Laufzeit von weniger als einem Jahr zu kurz ist, um die Arbeit eines Interim Managers evaluieren zu können. Nach drei Monaten kann ein Zwischenresümee des Mandats gezogen werden, nach sechs Monaten ist ein Trend absehbar. Eine Messung der erzielten Ergebnisse ist aber erst nach einem Jahr möglich.

Erfolgsevaluation der Dienstleister

Als Alternative oder Ergänzung zur Erfolgsmessung des Unternehmens kann eine Erfolgsmessung durch den Interim-Management-Dienstleister in Betracht gezogen werden. Manche Dienstleister lassen sich hierfür von ihren Interim Managern ein monatliches Reporting geben. Dies kann schriftlich mittels Formblatt, in einem persönlichen Gespräch oder kombiniert erfolgen. Ist der Interim Manager bei einem Dienstleister oder Beratungsunternehmen unbefristet beschäftigt, greifen die Beurteilungsmechanismen interner Führungskräfte, das heißt die Erfolgsbeurteilung basiert auf regelmäßigen Projektbeurteilungen und Reviews. Nach Möglichkeit sollte bei diesem Verfahren auch die Kundenzufriedenheit in die Bewertung einbezogen werden.

Die regelmäßige Evaluation während eines Interim Mandats ist von großer Bedeutung. Alle Informationen, die dem Dienstleister im Verlauf eines Mandats durch persönliches, telefonisches oder schriftliches Feedback sowie durch Abschlussgespräche oder Referenzschreiben zufließen, fügen sich zu einem Gesamtbild zusammen. So kann der Dienstleister die Stärken, Schwächen und Einsatzmöglichkeiten eines Interim Managers mit zunehmender Dauer der Zusammenarbeit immer besser einschätzen.

Die wenigsten Interim-Management-Anbieter verfügen jedoch über ein standardisiertes Tool, mit dem diese Beurteilungen strukturiert gespeichert werden. Stattdessen bleibt es zumeist informelles Wissen von Einzelpersonen. Daher ist es notwendig, die Subjektivität der Einschätzungen aufzubrechen und die Transparenz solcher Beurteilungen zu erhöhen.

Referenzen als Nachweis erfolgreicher Arbeit

Eine weitere Möglichkeit, den Erfolg des Interim Managers zu dokumentieren, stellen Referenzen der Auftragsunternehmen dar. Schriftliche Referenzen, die der Manager nach Abschluss eines Mandats erhält, signalisieren Performanz nach außen. Insbesondere wenn sich die Aufgaben ähneln, können sich Dienstleister und potenzielle Auftraggeber einen Eindruck von der Kompetenz des Interim Managers verschaffen, zumal Zeugnisse im Interim Management generell unüblich und auf den Führungsebenen zunehmend weniger verbreitet sind.

Obwohl die schriftliche Referenz grundsätzlich das meist verwendete Mittel der Erfolgsbeurteilung darstellt, ist sie für Interim Manager keineswegs Standard. Laut Aussagen der interviewten Interim Manager werden Referenzen manchmal verweigert, da die Unternehmen den Einsatz eines Interim Managers nicht nach außen kommunizieren möchten. Dies mag sowohl daran liegen, dass Interim Management immer noch weit verbreitet mit Sanierung gleichgesetzt wird, als auch an der Einstellung mancher Unternehmer, die ungern zugeben wollen, fremde Hilfe beansprucht zu haben. Hat der Interim Manager außerdem erst mal sein Büro geräumt, sinkt der Anreiz für das Unternehmen, ein solches Referenzschreiben zu verfassen. Einige Interim Manager formulieren daher – ähnlich wie festangestellte Manager der obersten Führungsebene – ihr Referenzschreiben selbst, was seinen Wert natürlich deutlich relativiert.

Darüber hinaus wird ein Interim Manager bei der Suche nach einen neuen Mandat wohl kaum mit unvorteilhaften Referenzen werben, sondern nur eine Auswahl von Vorzeigemandaten vorlegen. Dies stellt die Aussagekraft solcher Referenzen in Frage und bestärkt die Forderung nach objektiveren Evaluationsmethoden.

Solide Erfolgsevaluation: Das Differenzierungskriterium der Zukunft

Ein nachhaltiges und differenziertes Erfolgsmaß bietet Vorteile für das Auftragsunternehmen, den Dienstleister und den Interim Manager selbst. Es muss objektiv den Erfolg messen und gleichzeitig die Spezifika des Interim-Management-Einsatzes berücksichtigen. Beispielsweise könnten die Unternehmen im Anschluss an ein Mandat systematisch über ihre Zufriedenheit mit dem jeweiligen Zielerreichungsgrad befragt werden. Dies ermöglicht eine transparente Einstufung der gemessenen Zufriedenheitswerte in qualitative Kategorien, wie zum Beispiel „sehr zufrieden", „zufrieden", „nicht zufrieden". Darüber hinaus könnte auch die Zufriedenheit mit der Leistung des Interim Managers insgesamt abgefragt werden. Dadurch wird die Leistung von Interim Managern vergleichbar, selbst dann, wenn sie in ganz unterschiedlichen Mandaten tätig waren.

> *» Erfolg ist für mich, wenn die Firma nach dem Mandat noch viele Jahre weiterbesteht, und zwar ohne einen Unternehmensberater, Interim Manager oder Sanierer zu benötigen «*
>
> **Helmut Stamm**, Interim Manager

Voraussetzung für eine systematische Vergleichbarkeit ist, dass diese Form der Erfolgsevaluation nach jedem abgeschlossenen Mandat durchgeführt wird. Schließlich werden die Ergebnisse umso aussagekräftiger, je mehr Mandate eines Interim Managers darin einfließen. Durch die Aggregation der Evaluationsergebnisse mehrerer Mandate erhält der Interim Manager eine individuelle Erfolgskennzahl.

Damit die Erfolgsevaluation möglichst transparent und objektiv erfolgt, und als glaubwürdiges Signal von Unternehmen akzeptiert wird, könnte die Befragung von einer unabhängigen Institution durchgeführt werden. Dies kann durchaus im Auftrag oder in Kooperation mit einzelnen Dienstleistern oder einer Interim-Management-Dachorganisation erfolgen, da durch die Einschaltung einer externen Institution die Neutralität gewährleistet ist.

Diese Form der Erfolgsevaluation bietet für alle Beteiligten Vorteile, insbesondere für Unternehmen, die bei der Suche nach einem Interim Manager objektivierbare Auswahlkriterien heranziehen möchten. Erfahrungen, Zeugnisse oder Referenzen eines Managers, die bisher jedes einstellende Unternehmen selbst auswerten muss, könnten durch eine objektive Erfolgskennzahl ergänzt werden. Darüber hinaus könnte die Entscheidung für oder gegen einen Kandidaten jederzeit durch die Erfolgskennzahlen gerechtfertigt werden. Eine solche Kennzahl als Nachweis erfolgreich abgeschlossener Mandate wäre auch für Interim Manager selbst positiv, da sie gut zu Zwecken der Akquise eingesetzt werden kann.

Auch für die Dienstleister könnte diese Form der Erfolgsevaluation von Nutzen sein. Sieht man die Erfolgskennzahl als Barometerstand für die Kompetenz der Interim Manager, kann ein Dienstleister mit dem Durchschnittswert oder mit dem Anteil positiv bewerteter Interim Manager aus seinem Netzwerk für sich werben.

Natürlich ist auch diese Art der Evaluation kein Wundermittel. Manche Auftragsunternehmen sind möglicherweise nicht gewillt, einer externen Institution Auskunft über ihren Einsatz eines Interim Managers zu geben. Damit eine lückenlose Erfolgsmessung gewährleistet ist, müsste die Befragung nach Abschluss eines Mandats als Vertragsbestandteil aufgenommen werden. Allerdings vernachlässigt auch eine solche Beurteilung die Nachhaltigkeit des Einsatzes. Es sei denn, es werden mehrere Zeitpunkte der Erfolgsmessung abgefragt, so dass eine differenzierte Beurteilung möglich wird. Hierfür ist wiederum das Commitment der Unternehmen vorab zu gewährleisten.

«« Kommentar

Frank Möbius

Perspektive des Interim-Management-Dienstleisters

In der Praxis existieren drei Instrumente, die sich bei der Erfolgsmessung bewährt haben:

▸ Mandatsverlängerung

▸ Monatliches Reporting

▸ Projektabschlussbericht oder -gespräch

Die quantitative Erfolgsmessung als vierte Alternative hat sich im Sinne eines festen Vertragsbestandteils noch nicht durchgesetzt, nimmt aber an Bedeutung zu.

Mandatsverlängerung

Interim-Management-Mandate sind selten von Anfang an auf die tatsächliche Projektdauer zugeschnitten. Etliche Unternehmen, die mit dem Einsatz eines Interim Managers noch keine praktische Erfahrung gemacht haben, zögern zu Beginn, einen Vertrag mit einer Laufzeit jenseits von sechs Monaten abzuschließen. In vielen Firmen stellt das Ende des Kalenderjahrs auch den Abschluss des Geschäftsjahres dar, so dass die Verträge aus Budgetgründen formal bis 31. Dezember befristet sind. Daher wird der Vertrag häufig zunächst bis Jahresende angeboten, um danach im Erfolgsfall um mehrere Monate oder sogar ein ganzes Jahr verlängert zu werden. Die Frage nach der Zufriedenheit des Kunden stellt sich dann explizit gar nicht mehr, sie ist offensichtlich gegeben.

Die Verkürzung des Mandats auf Kundenwunsch oder auf Initiative des Interim Managers kommt in der Praxis sehr selten vor - beispielsweise, wenn sich der Verantwortungsbereich des Interim Managers während des Mandats durch Verkauf oder Fusion ändert. In diesem Fall ist es von Vorteil, wenn ein Dienstleister bei der Auswahl des Interim Managers eingeschaltet ist, denn er ist vertraglich verpflichtet, einen Ersatzmann zu beschaffen. So kann das Problem trotzdem gelöst werden, auch wenn aus dem Rennen ein Staffellauf wird. Die Kundenzufriedenheit ist sichergestellt.

Eine Projektverkürzung kann aber auch einen Erfolg darstellen, weil eine Aufgabe früher als geplant gelöst wurde. Tatsächlich gibt es Manager, die bei einem Projekt, das zunächst auf ein Dreivierteljahr angelegt ist, von sich aus sagen, die Aufgabe sei auch in einem halben Jahr plus/minus zu bewältigen. Wenn sich diese Prognose bestätigt, ist das ein doppelter Erfolg. Das Problem ist gelöst, und es wurden Zeit und Kosten gespart. Insofern rechnet es sich durchaus, einen überqualifizierten Interim Manager mit einem höheren Tagessatz auszuwählen, wenn sich das Problem dadurch schneller lösen lässt.

Monatliches Reporting

Ein monatliches Reporting ist ein Standard-Tool, das viele Dienstleister anwenden. Es enthält Aussagen über die aktuelle Situation des Mandats: Läuft es gut oder gibt es Probleme? Der Bericht dokumentiert Projekterfolge, erläutert anstehende Aufgaben und erforderliche Maßnahmen. Neben den Dingen, die in der Spur sind, interessieren auch Themen, die suboptimal laufen. Wo gibt es Gegenwind und wo muss man gegebenenfalls unterstützend eingreifen? Dabei muss nicht automatisch eine 100-prozentige Deckungsgleichheit zwischen den Aussagen des Auftraggebers und denen des Interim Managers gegeben sein. Es ist Aufgabe des Dienstleisters, die Standpunkte des Kunden und des Interim Managers abzugleichen, Rücksprache mit beiden Seiten zu halten und gegebenenfalls eine Kurskorrektur einzuleiten.

Projektabschlussgespräch

Die gleichen Punkte, die im monatlichen Reporting eine Rolle spielen, kehren im Projektabschlussgespräch zwischen Interim Manager und Dienstleister, Interim Manager und Kunden sowie Dienstleister und Kunden wieder. Solche Gespräche können auch mit allen beteiligten Personen gleichzeitig geführt werden, wenn dem nicht von vornherein bestimmte Konstellationen entgegenstehen.

Hinzu kommt natürlich die Frage nach den Learnings. Was würde man beim nächsten Mal anders machen? Würde man ein ähnliches Projekt in der gleichen Konstellation aufsetzen? Solche Überlegungen helfen allen Beteiligten bei künftigen Mandaten weiter.

Wirkt sich die Erfolgsmessung auf das Honorar aus, sind zusätzliche Rahmenbedingungen zu beachten:

▸ Der Erfolg sollte an Kriterien festgemacht werden, die unstrittig messbar sind, zum Beispiel Kostensenkung, Umsatz/Gewinn/Ergebnis, Bestands- und Durchlaufzeitenreduzierung, Qualitätsverbesserung, Produktivität.

▸ Die Erfolgswirkung muss während des Projektzeitraumes oder unmittelbar danach gemessen werden können.

▸ Im Idealfall definieren der Auftraggeber und der Interim Manager in den ersten Wochen des Einsatzes die Ziele gemeinsam. Der Interim Manager hat bis dahin das Unternehmen, die Ausgangslage und die Erwartungshaltung des Kunden kennengelernt und kann eine realistische Einschätzung zu den erforderlichen Maßnahmen, zu den Kennzahlen für die Erfolgsmessung und zur Dauer bis zur Zielerreichung vornehmen.

▸ Die Ziele dürfen nicht dazu verleiten, sich durch kurzfristige Maßnahmen das Erfolgshonorar zu sichern.

Wie man unschwer sieht, steht insbesondere die zeitverzögerte Wirksamkeit von Interim-Management-Einsätzen einer objektiven Erfolgsmessung im Wege. Nur bei Projekten von längerer Dauer – das heißt mindestens einem Jahr – sind eindeutig zurechenbare Erfolge nachweisbar. Dies sind vor allem Produktions-, Logistik-, Einkaufs- und Restrukturierungsprojekte. Bei ihnen sind Erfolgskomponenten besonders sinnvoll, da bei längerer Mandatsdauer der messbare Erfolg bereits während des Einsatzes eintreten sollte.

Fall »»»

Interimistischer Chief Information Officer (CIO)

- **Kunde:** Versatel AG
- **Zeitraum:** August 2007 bis September 2008
- **Einsatzort:** Düsseldorf
- **Größe des Unternehmens:** 760 Mio. Euro Umsatz in 2008, 1.300 Mitarbeiter an neun Standorten

Die Aufgabe

Die Versatel AG ist aus einer Vielzahl von Zusammenschlüssen und Übernahmen kleinerer Telekommunikationsdienstleister hervorgegangen. Das hatte im Laufe der Zeit dazu geführt, dass die IT-Landschaft sehr heterogen war und an Effizienz eingebüßt hatte. Die Optimierung der IT war Teil des Restrukturierungsprogramms. Operational Excellence sollte die Wettbewerbsfähigkeit nachhaltig sichern. Die Aufgaben des interimistischen CIOs bestanden im Wesentlichen darin, die IT innerhalb der Organisation als kundenorientierten Dienstleister zu positionieren, und einen Blueprint für die zukünftige IT-Struktur des Unternehmens zu entwerfen und zu verankern.

Unternehmensprofil

Die Versatel AG ist einer der größten Anbieter von Sprach-, Internet- und Datendiensten für Privat- und Geschäftskunden auf dem deutschen Markt. Im Geschäftsjahr 2008 erzielte das Unternehmen einen Umsatz von 760 Millionen Euro und hatte Ende 2008 über 730.000 Kunden unter Vertrag. Das Unternehmen ist in 32 der 50 größten deutschen Städte vertreten, erreicht insgesamt 238 Vorwahlbereiche mit über 10,2 Millionen deutschen Haushalten und weist eine Marktabdeckung von etwa 25 Prozent auf. Durch die Präsenz in vier Regionen nutzt Versatel die Vorteile des starken regionalen Vertriebs sowie das Netz von Verkaufsstellen vor Ort.

Interview mit Peer Knauer
CEO der Versatel AG
Prof. Dr. Gerhard Barth
Interim Manager bei der Versatel AG
und Rainer Nagel
Managing Partner Atreus GmbH

Herr Knauer, was war die Aufgabe des Interim Managers und welche Ziele gaben Sie vor?

Als Herr Professor Barth zu uns kam, hatten wir etwa 660.000 Privat- und 60.000 Geschäftskunden. Ziel war es, unsere IT-Architektur so anzupassen, dass die IT-Infrastruktur und -Systeme auch auf das Management der doppelten bis dreifachen Anzahl von Kunden skalierbar sein würde. Aufgabe des Interim Managers war zum einen der Aufbau neuer IT-Plattformen für das ERP (Enterprise Ressource Planning) und das CRM (Customer Relationship Management). Zum anderen galt es, die IT zu einem Ideengeber für prozessverbessernde Maßnahmen zum Nutzen der Unternehmensbereiche weiterzuentwickeln.

Welche persönlichen und fachlichen Voraussetzungen musste der Interim Manager erfüllen?

Wir suchten einen Kandidaten, der in wirtschaftlichen Dimensionen und Unternehmensprozessen denkt, und nicht ausschließlich in Technologiestrukturen. Er sollte eine Persönlichkeit mit hoher Management- und Führungsfähigkeit sein, die Erfahrung im Programm- und Projektmanagement mitbringt und bereits große IT-Organisationen und Budgets verantwortet hat. Der interimistische CIO sollte die Position nicht ausschließlich aus seiner Funktion heraus führen, sondern durch persönliches Leadership und fachliche Expertise.

Herr Professor Barth, was hat Sie an diesem Einsatz besonders interessiert?

Die Telekommunikationsbranche ist momentan eine der hitzigsten: Verdrängung, Konsolidierung bei ständig wachsender Produktvielfalt – um nur einige Aspekte zu nennen – charakterisieren die Branche. Vor allen Dingen aber lebt die Telekommunikation in einem sehr hohen Maße von der Informationstechnik. Telekommunikationsnetzwerke entwickeln sich immer stärker zu Computernetzwerken. Was kann für einen Informatiker wie mich interessanter sein, als diese Entwicklungen zu begleiten?

Auf welches Vergütungsmodell haben Sie sich für dieses Projekt geeinigt, Herr Nagel?

Einen Teil des Honorars haben wir als Success Fee vereinbart. Da die Messbarkeit in diesem Fall nicht ganz einfach war, haben Herr Knauer, Herr Professor Barth und ich uns auf einen Zufriedenheitsbonus auf Vertrauensbasis geeinigt. Das heißt, wir hatten – wie in allen unseren Projekten – monatliche Statusgespräche, in denen der Grad der Zufriedenheit mit den erzielten Ergebnissen ein wichtiger Punkt war. Wir einigten uns auf eine quartalsweise Zahlung der Success Fee – wenn Versatel beziehungsweise Herr Knauer mit den Leistungen und Ergebnissen voll zufrieden war.

Herr Nagel, Atreus schreibt Ergebnissicherheit groß und verspricht, die Verantwortung für die Erreichung der Ziele zu übernehmen. Wie kommen Sie dieser Verantwortung im Projektalltag nach?

Der Interim Manager berichtet alle vier Wochen an mich. Das umfasst ein administratives, insbesondere aber ein inhaltliches Reporting zum Projektstatus: An welchen Themen arbeitet der Manager? Welche Ergebnisse wurden erzielt? Wurden wichtige

Meilensteine erreicht? Wo liegen die besonderen Herausforderungen, wo gibt es potenzielle Blocking-points? Ist das Projekt in Summe on track und werden die Ziele mit einiger Sicherheit erreicht? Gibt es Hürden, die schwer überwindbar scheinen, unterstütze ich aktiv. Falls nötig steuern wir notwendige relevante Erfahrung aus unserem Atreus-Netzwerk ins Projekt. Bei jedem unserer Projekte ist der Atreus-Partner im Team mit dem Manager für die Zielerreichung verantwortlich.

Wo wir gerade vom Projektende sprechen, Herr Professor Barth: Wie haben Sie das Projekt an Ihren Nachfolger übergeben?

Versatel hatte bereits mehrere Monate vor der Beendigung meiner Tätigkeit einen Nachfolger bestimmt. Das war die Voraussetzung dafür, dass ich das Projekt geordnet und in einem kontinuierlichen Prozess übergeben konnte. Auch Vorstand und Aufsichtsrat haben meinen Nachfolger bereits zu einem sehr frühen Zeitpunkt eingebunden: Richtungsweisende Entscheidungen und Präsentationen haben sie bereits mit ihm abgestimmt. Es wäre ja unsinnig gewesen, Änderungen vorzunehmen oder Entwicklungen anzustoßen, die der neue CIO nicht hätte mittragen wollen.

Herr Knauer, hat Herr Professor Barth Ihre Erwartungen erfüllt?

Uneingeschränkt: Ja, absolut. Als Rainer Nagel bei unserem ersten Gespräch zu diesem Thema Herrn Professor Barth kurz vorstellte, dachte ich: Das könnte der Richtige sein – und ich hatte das richtige Gefühl.

« Konzept

Rüdiger Kabst / Wolfgang Thost / Rodrigo Isidor

Interim Management:
Wohin geht der Weg?

Unabhängig von länderspezifischen Gegebenheiten zeichnen sich Trends ab, die das Tool Interim Management weiter begünstigen werden. Wer sein Unternehmen erfolgreich führen will, muss künftig ein noch höheres Maß an Innovationskraft und Flexibilität mitbringen. Der Wettbewerbsdruck verlangt den Unternehmen zunehmende Change-Aktivitäten ab. Der technologische Fortschritt und die Positionierung auf den globalen Wachstumsmärkten erfordern gezieltes Expertenwissen. Diese Bedingungen erhöhen die Nachfrage nach Interim Management und tragen dazu bei, dass sich das Tool als allgemein anerkannte Lösungsalternative durchsetzen wird.

> *In einigen Jahren wird sich Interim Management als breit etablierte Management-Dienstleistung positioniert haben. Unternehmen, Unternehmer und Top-Manager werden genauso selbstverständlich darauf zurückgreifen wie heutzutage auf Management Consulting oder Rechtsberatung. «*
>
> **Rainer Nagel**, Managing Partner Atreus

Zukunftsforscher erwarten, dass im Jahr 2020 bis zu 60 Prozent aller Arbeitsverhältnisse in Deutschland auf freier Basis gestaltet sein werden. Ein Grund dafür sei, dass Fachwissen immer schneller veraltet und neue Erkenntnisse und Methoden in immer kürzer werdenden Zeiträumen nachgefragt werden. Diese Dynamisierung zwingt Unternehmen zum vermehrten Import von externem Fachwissen. (DDIM 2009b)

Einmal Interim Management, immer wieder Interim Management

Laut Cranfield-Studie (Kabst et al. 2010) stieg der Bekanntheitsgrad von Interim Management in deutschen Unternehmen zwischen 2005 und 2009 von 20 auf knapp 30 Prozent. Dabei wächst die Anwendung von Management auf Zeit durch Wiederholkunden derzeit schneller als durch Neukunden (siehe Abb. 1).

Telekom- und IT-Industrie, Maschinen- und Anlagenbau sowie die Automobil- und Zulieferindustrie sind die Trendsetter unter den Interim-Management-Nutzern. Andere wettbewerbsintensive Branchen wie die Konsumgüterindustrie oder Elektrotechnik, die ebenfalls durch kurze Taktung der Entscheidungen gekennzeichnet sind, folgen. Traditionellere Industriezweige wie das Baugewerbe oder die Bauzulieferindustrie hinken nach. Wenn diese und andere Branchen aufholen, verspricht allein dies ein großes Wachstumspotenzial.

» In unserer Branche ist Interim Management richtig ›in‹. Allerdings habe ich das Gefühl, dass wir bei manchen Themen ein bisschen schneller sind als andere. Ich kann mir aber vorstellen, dass die anderen Branchen in den nächsten Jahren nachziehen. «

Hai Cheng, Vorstandsmitglied der Versatel AG

Die Ludwig-Heuse-Studie von 2008 zeigt, dass auch die Interim Manager selbst von einer weiter steigenden Nachfrage sowie einer zunehmenden Etablierung ausgehen. Das wird sich auch trotz der eher verhaltenen Entwicklung 2009 nicht ändern.

Angebot und Nachfrage nach Interim Management werden steigen

		Prozent
Es wird ein größeres Angebot an Interim Managern geben	A	24
Der Bedarf an Interim Managern wird zunehmen	B	23
Die Spezialisierung der Interim Manager wird zunehmen	C	18
Der Wechsel zwischen Festanstellung und Interim-Management-Mandat wird zur Normalität werden	D	13
Interim Management ist in Deutschland vollständig akzeptiert und üblich	E	9
Der Wechsel zwischen Festanstellung und Interim-Management-Mandat wird Ausnahme bleiben	F	9
Ich erwarte keine Veränderung des Interim-Management-Marktes	G	2
Es wird ein geringeres Angebot an Interim Managern geben	H	2
Sonstiges	I	1
Der Bedarf an Interim Managern wird abnehmen	J	1

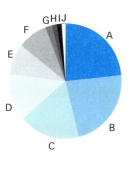

Quelle: Nach Heuse (2008)

Abb. 36: Entwicklung des Marktes bis 2015 aus Sicht der Interim Manager

Auch die Flexibilisierung des Managements wird voranschreiten. So bekunden immerhin schon 13 Prozent der von uns befragten Unternehmen, dass der Wechsel von einer Festanstellung zum Interim Management und zurück zur Normalität werden wird. Insgesamt 36 Prozent der Unternehmen können sich vorstellen, eine interne Führungskraft durch einen Interim Manager zu ersetzen.

Jedes dritte Unternehmen kann sich Interim Manager als Führungskräfte vorstellen

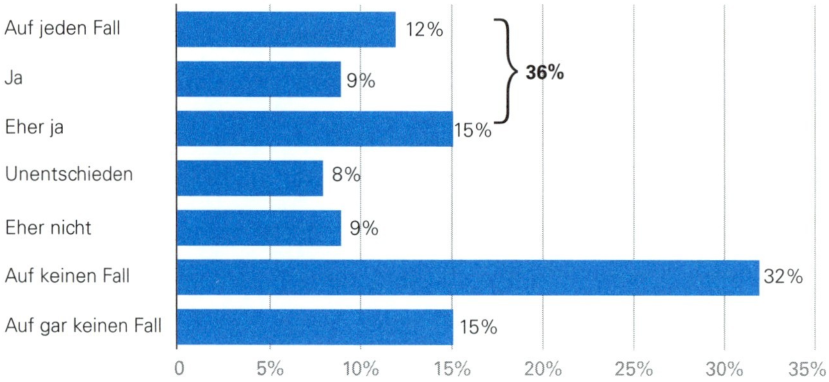

Auf jeden Fall	12%
Ja	9%
Eher ja	15%
Unentschieden	8%
Eher nicht	9%
Auf keinen Fall	32%
Auf gar keinen Fall	15%

36%

Quelle: Eigene Erhebung

Abb. 37: Können Sie sich vorstellen, festangestellte Manager durch Interim Manager zu ersetzen?

Zehn Thesen zur Zukunft des Interim Management

Natürlich kann man keine wissenschaftlich fundierten Prognosen zur Zukunft des Interim Managements abgeben, solange dazu keine belastbaren Theorien vorliegen. Hypothesen aber lassen sich bilden, schließlich sind sie der Anfang aller Theorie. Daher haben wir uns entschieden, die zehnte Frage nach der Zukunft des Interim Managements mit zehn Thesen zu beantworten.

1. Der Markt wächst um weitere Anbieter

Das Marktpotenzial von Interim Management haben auch andere Personaldienstleister erkannt. Um ein Stück vom Kuchen abzubekommen, erweitern viele Personalvermittlungen und Zeitarbeitsfirmen ihr Leistungsangebot um die Dienstleistung Interim Management. In der Regel konzentrieren sich diese Anbieter auf das mittlere und untere Management. Daher sind die vermittelten Interim Manager meist jünger und im unteren Preissegment angesiedelt.

Der Marktanteil der Dienstleister wächst

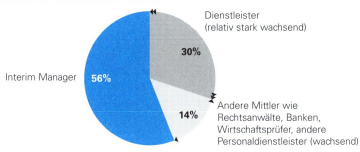

Dienstleister
(relativ stark wachsend)

30%

Interim Manager   56%

14%

Andere Mittler wie
Rechtsanwälte, Banken,
Wirtschaftsprüfer, andere
Personaldienstleister (wachsend)

Quelle: Eigene Erhebung

Abb. 38: Die derzeitige Verteilung der Player im Interim-Management-Markt

2. Die Anbieter bedienen unterschiedliche Zielgruppen

Der Markt wird sich künftig in ein unteres, mittleres und oberes Segment ausdifferen-
zieren. Während im unteren Massensegment eher preissensitiv gekauft wird und die
pure Vermittlung fehlender Ressourcen dominiert, steht im oberen Marktsegment die
Branchenkenntnis, das Geschäftsverständnis und die Problemlösung durch Interim
Manager im Vordergrund. Im Umsetzungsgrad liegt Interim Management zwischen
Zeitarbeit und Beratung.

Im Umsetzungsgrad liegt Interim Management zwischen Zeitarbeit und Beratung

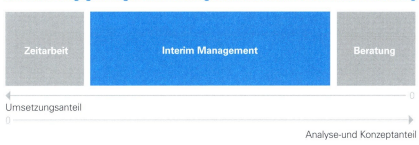

Zeitarbeit   Interim Management   Beratung

Umsetzungsanteil

0

Analyse-und Konzeptanteil

Quelle: Eigene Darstellung

Abb. 39: Umsetzungsanteil und Analysekomponente verhalten sich umgekehrt proportional

3. Die Dienstleister spezialisieren sich auf Branchen

Bei den Dienstleistungs-Anbietern bilden sich einige marktdominierende Marken heraus. Die Zahl der Generalanbieter wird sehr wahrscheinlich sinken, da sich die Dienstleister zunehmend nach Hierarchiestufen, Branchen, Funktionen, Regionen und Themen spezialisieren. Diese Tendenz zeichnet sich bereits in den Bereichen IT, Finanzen und Controlling ab. Hierdurch kann eine breite Auswahl an Dienstleistern den nachfragenden Unternehmen passgenau auf das Mandat zugeschnittene Kandidaten vermitteln.

4. Interim Manager ersetzen zunehmend Linienmanager und Berater

Die zunehmende Bedeutung des Interim Managements hat sowohl für die Personalberatungen als auch für die klassische Unternehmensberatung Konsequenzen. Unternehmen arbeiten einen Großteil ihrer Managementaufgaben künftig in Form von Projekten ab und greifen dabei flexibel auf maßgeschneiderte Ressourcen zu. Dadurch wird der Stamm an fest angestellten Managern in den Unternehmen deutlich kleiner. Auf diese Weise werden die entscheidenden Managementressourcen schneller dorthin gebracht werden, wo sie gebraucht werden. Zum anderen werden bei zunehmendem Bekanntheitsgrad von Interim Management manche Probleme, die heute noch durch ein Beraterteam analysiert werden, künftig möglicherweise gleich durch einen Manager auf Zeit gelöst.

Beratungsleistung wird typischerweise extern erbracht

Quelle: Eigene Darstellung

Abb. 40: Interne und externe Leistungserbringung

5. Interim Manager lösen komplexe Aufgaben im Team

Die Interim-Management-Dienstleister stellen für anspruchsvolle Mandate passgenaue Teams zusammen. Ähnlich wie Strategieberatungen, die Erfahrung und Kompetenz der einzelnen Berater in ihren Teams bündeln, ist dies auch auf das Interim Management übertragbar. Häufig sind große Projekte nicht von einem einzelnen Interim Manager zu stemmen. Bei Börsengängen, Unternehmenskäufen, Restrukturierungen und der Umsetzung internationaler Projekte macht es Sinn, ein Team von erfahrenen Interim Managern zusammenzustellen. Selbstverständlich steigen mit zunehmender Zahl der Interim Manager auch die Kosten für ein Unternehmen, jedoch stehen sie in keinem Verhältnis zu den Kosten für ein komplettes Beraterteam, zumal die Manager-Teams nach Bedarf erweitert oder reduziert werden können. Das heißt auch, es wird zu einer deutlicheren Trennung zwischen anspruchsvollen Aufgaben einerseits und Massengeschäft andererseits kommen.

6. Interim Manager kooperieren mit Strategieberatern

Sowohl am Anfang des Beratungsprozesses als auch während des gesamten Projektes kann eine Zusammenarbeit von Beratern mit Interim Managern sinnvoll sein. Das gilt insbesondere dann, wenn die Unternehmensberatung Branchen-Know-how benötigt, über das sie sonst nicht verfügt. Die Zusammenarbeit zwischen den Strategieberatungen und den Interim-Management-Dienstleistern hat für beide Seiten Vorteile: Unternehmensberatungen kaufen sich gezielt Branchenexpertise dazu, und Manager auf Zeit helfen auf effektive Weise, Strategien auch tatsächlich umzusetzen.

Die Interim Manager profitieren vom Etablierungsgrad der Strategieberatungen. Da die Beauftragung einer Strategieberatung in vielen Unternehmen zum Standard gehört, könnten die Interim Manager quasi Huckepack ins Unternehmen geholt werden. Die Strategieberatungen hingegen begegnen durch die garantierte Umsetzung ihrer Konzepte der Kritik der mangelnden Nachhaltigkeit. Dies gilt auch für ein angemessenes Preis-Leistungs-Verhältnis. Berater im Dauereinsatz werden schnell sehr teuer, für Manager auf Zeit gilt das weniger.

7. Interim Manager übernehmen internationale Aufgaben

Das Interim Management wird künftig internationaler. Der Aufbau einer Tochtergesellschaft im Ausland, die Abwicklung internationaler Projekte oder die Übertragung der Strukturen der Muttergesellschaft auf die ausländische Niederlassung sind typische Aufgaben, die Unternehmen bevorzugt von so genannten „Parent Country Nationals" (PCNs) erledigen lassen. Dies setzt allerdings voraus, dass die Personaldecke dieser Unternehmen dick genug ist, um interne Führungskräfte für einen begrenzten Zeitraum ins Ausland zu schicken, ohne dass der Expatriate eine Lücke im Stammhaus hinterlässt. Insbesondere mittelständische Unternehmen können dies in der Regel nicht gewährleisten. Interim Management kann hier Abhilfe schaffen.

Die Übernahme von internationalen Aufgaben durch einen Interim Manager hat den Vorteil, dass sich die Unternehmen nicht um die Wiedereingliederung des Expatriates ins Stammhaus kümmern müssen. Häufig erweist sich diese nämlich als äußerst problematisch. So zeigt eine internationale Umfrage von PricewaterhouseCoopers und der Cranfield University aus dem Jahr 2005, dass die Rückkehr nur in fünf bis zehn Prozent der Fälle problemlos verläuft. Drei Viertel der Expatriates beurteilen ihre Wiedereingliederung als mangelhaft, und jeder vierte Mitarbeiter verlässt innerhalb eines Jahres nach seiner Rückkehr das Unternehmen.

Auch von der Kostenseite her betrachtet ist Interim Management eine Alternative zu klassischen Expatriate Assignments. Da Expatriates im Ausland auf Grund von Mobilitäts- und Hardship-Zulagen ein sehr attraktives Vergütungspaket erhalten, ist der Einsatz eines auf Tagesbasis bezahlten Interim Managers auch ökonomisch betrachtet sinnvoll.

8. Interim Management als neues Segment im Ausbildungsmarkt

Die steigende Nachfrage nach zeitlich befristetem, externem Wissen hat zur Folge, dass sich ein Ausbildungsmarkt für Interim Manager entwickelt. So bietet etwa die European Business School (EBS) das Zertifikatsprogramm mit dem Abschluss Interim Executive (EBS) an. Auch Dienstleister werben vereinzelt mit Weiterbildungsangeboten zu verschiedenen Themenschwerpunkten. Hier bleibt abzuwarten, welche Programme von der Industrie anerkannt und dem Berufsstand langfristig zugutekommen werden.

9. Ergebnisverantwortung durch Performance Fee

Die Anbieter von Interim Management helfen ihren Klienten in Krisenphasen zurück zum nachhaltigen Erfolg, indem sie innerhalb kürzester Zeit einen oder mehrere restrukturierungs- und sanierungserfahrene Interim Manager zur Verfügung stellen, die volle unternehmerische Ergebnisverantwortung tragen. Dabei wird immer öfter mit einem Vergütungsmodell gearbeitet, das fixe und variable Vergütungskomponenten enthält, um so die Verantwortung gegenüber dem Unternehmen zu verankern. Je nach Situation werden ein oder zwei sanierungserfahrene Interim Manager beauftragt, die in der Funktion des CRO, CEO, COO oder des CFO Organ der Gesellschaft werden und als Entscheider die unmittelbare Umsetzung sicherstellen.

10. Interim Management erobert den öffentlichen Sektor

Zur dauerhaften Verankerung wichtiger Veränderungen im Unternehmen ist Interim Management auch zum Change Management geworden, das dem Unternehmen hilft, im globalen Wettbewerb zu bestehen und sich auf künftige Entwicklungen einzustellen. Die Professionalisierung des Berufsstands bietet jedoch nicht nur einzelnen Unternehmen, sondern der gesamten Volkswirtschaft Chancen. Das Erfahrungspotenzial und der Wissenstransfer der Interim Manager werden ihren Platz neben der Privatwirtschaft zunehmend im öffentlichen Sektor finden, wo Interim Management in Holland und Großbritannien bereits selbstverständlich zum Einsatz kommt. In Deutschland dürfte sich hier ein weiterer Wachstumsmarkt des Interim Managements entwickeln.

Autoren

Prof. Dr. Rüdiger Kabst ist Lehrstuhlinhaber für Betriebswirtschaftslehre mit den Schwerpunkten Personalmanagement, Mittelstand und Entrepreneurship an der Justus-Liebig-Universität Gießen. Er ist Projektverantwortlicher des Entrepreneurship Clusters Mittelhessen (ecm), Direktor der interdisziplinären Forschungseinheit Evidence-based Management and Entrepreneurship (EBME) sowie deutscher Repräsentant des Cranfield Network on International Strategic Human Resource Management (Cranet). Forschungsaufenthalte führten ihn 1996 an die University of Illinois at Urbana-Champaign, 2001 an die University of California/Berkeley und 2006 an die EWHA University/Seoul. Zu seinen derzeitigen Forschungsinteressen gehören u.a. das internationale Personalmanagement, Family-friendly Work Practices, Employer Branding, demographischer Wandel und Managementpraktiken wie Outsourcing, Downsizing oder Interim Management. Rüdiger Kabst ist Co-Herausgeber der wissenschaftlichen Fachzeitschrift „Management Revue: The International Review of Management Studies", der Schriftenreihe „Empirische Personal- und Organisationsforschung" sowie der Personalfachzeitschrift „Personal". Das „Personalmagazin" zählt ihn zu den 40 führenden Köpfen im Personalwesen in Deutschland.

Dr. Wolfgang Thost ist Geschäftsführer und Managing Partner der Atreus GmbH. Nach dem Studium der Wirtschaftswissenschaften in Freiburg promovierte und arbeitete er als wissenschaftlicher Mitarbeiter an der Universität Dortmund. Wolfgang Thost hat über 25 Jahre Erfahrung in General Management, Interim Management und Beratung. Berufliche Stationen waren Managing Partner bei Boyden Interim Management, Mitglied der Geschäftsleitung Brainforce (Deutschland) GmbH, Regional Manager Zentraleuropa DORMA GmbH & Co KG, Vice President International Operations Europe der Siemens AG, General Manager Sparte Haustechnik BSH Bosch & Siemens Hausgeräte GmbH und Leiter Inhouse Consulting der Siemens AG. Seine Beratungsschwerpunkte liegen in den Branchen Fertigungsindustrie, Metallindustrie, Elektrotechnik- und Elektronikindustrie, Prozessautomatisierung, Bauindustrie, Dienstleistung und Informationstechnologie. Seine fachlichen Schwerpunkte sind Unternehmensstrategie, Restrukturierung und Sanierung sowie Sondersituationen großer Konzerne, mittelständischer und eigentümergeführter Unternehmen.

Rodrigo Isidor wurde 1981 in São Paulo geboren. Nach dem Abitur studierte er Betriebswirtschaftslehre an der Justus-Liebig-Universität Gießen. Seit April 2007 ist der Diplom-Kaufmann wissenschaftlicher Mitarbeiter am Lehrstuhl für Personalmanagement Mittelstand und Entrepreneurship von Prof. Dr. Rüdiger Kabst an der Justus-Liebig-Universität Gießen und Mitglied der interdisziplinären Forschungseinheit Management und Entrepreneurship. Im Rahmen seiner Dissertation beschäftigt er sich mit flexiblen Formen der Beschäftigung, insbesondere dem Interim Management.

Jörg Detlef von Boddien ist Geschäftsführer und Managing Partner der Atreus GmbH. Ab 1995 baute Jörg Detlef von Boddien als geschäftsführender Gesellschafter die Dienstleistung Interim Management innerhalb der Boyden World Cooperation unter dem Namen Boyden Interim Management in Deutschland auf, die sich seit dem 1. Januar 2009 Atreus GmbH nennt. Jörg Detlef von Boddien war zuvor Geschäftsführender Gesellschafter der Firma v. Boddien & Co, Bargteheide bei Hamburg, Großhändler der Klöckner-Humboldt-Deutz AG. Danach war er Vorstandsmitglied der Hofbrauhaus Wolters AG, Braunschweig, anschließend Geschäftsführer und Directeur Général der Renault Agriculture GmbH. Während seiner beruflichen Laufbahn war er Vorsitzender bzw. Mitglied in verschiedenen Aufsichts- und Beiräten. Seine Erfahrungsschwerpunkte liegen in der Restrukturierung, Maschinen- und Anlagenbau, Fahrzeugindustrie, Foodindustrie, Handel u. Dienstleistung sowie im Marketing/Vertrieb, Finanzmanagement, Merger & Acquisition, Aufbau internationaler Vertriebsorganisationen und in der Optimierung von Produktionsabläufen.

Dr. Harald Linné ist Geschäftsführer und Managing Partner der Atreus GmbH. Der Diplom-Kaufmann hat über 20 Jahre Erfahrung im General Management und Interim Management. Als Managing Partner bei Boyden Interim Management und zuvor Geschäftsführer Brainforce (Deutschland) GmbH hat er wesentlich zur Entwicklung der Interim-Management-Branche in Deutschland beigetragen. Seine beruflichen Stationen zuvor waren Geschäftsfeld-Manager Nemetschek AG, Management Associate CSC in Deutschland und den USA sowie Berater der Europäischen Kommission im Bereich Technologie-Management. In den Branchen Dienstleistungen, Automotive, IT/TK, Hightech-Unternehmen, Medizintechnik, Erneuerbare Energien und Private Equity liegen seine Beratungsschwerpunkte. Seine fachlichen und funktionalen Schwerpunkte sind Management-Positionen auf der ersten und zweiten Führungsebene, Restrukturierung, Sanierung und Turnaround, Wachstum, M&A, Post-Merger-Integration sowie internationale Aufgabenstellungen in Europa, Amerika und Asien. Dr. Harald Linné ist Mitglied im Aufsichtsrat der Bavaria Industriekapital AG.

Frank Möbius ist Partner der Atreus GmbH. Der Diplom-Ingenieur verfügt über mehr als zwölf Jahre Erfahrung in Beratung, Vertrieb und Interim Management. Zuvor war er Partner bei Boyden Interim Management, Partner der Brainforce (Deutschland) GmbH sowie Partner der CON MOTO Strategie & Realisierung Unternehmensberatung GmbH. Seine Beratungsschwerpunkte bei Atreus bilden die Branchen Automobil- und Automobilzulieferindustrie, Maschinenbau, Chemie- und Pharmaindustrie, Konsumgüterindustrie (FMCG, Food and Non-Food), Medizintechnik, Elektronikindustrie, Halbleiterindustrie, Dienstleistungen und Regenerative Energien. Fachlich und funktional konzentrieren sich seine Kompetenzen insbesondere auf die Besetzung von Management-Positionen, Sondersituationen mittelständischer Unternehmen, Restrukturierung und Sanierung, Produktion, Logistik und Qualitätsmanagement, Einkauf und Materialwirtschaft, Supply Chain Management, Controlling und Human Resources, sowie Strategieentwicklung und -umsetzung.

Rainer Nagel ist Geschäftsführer und Managing Partner der Atreus GmbH. Zuvor war er Managing Partner bei Boyden Interim Management und Partner der Boyden World Corporation, Mitglied des Vorstands und Chief Operating Officer (COO) der BRAIN International AG, Mitglied des Management Boards der Bereiche Cordless und Mobile Phones der Siemens AG und Mitglied der Geschäftsleitung Deutschland Siemens IT Services. Ergänzend zu seinem Studium des Wirtschaftsingenieurwesens durchlief er im Rahmen seiner Tätigkeit für die Siemens AG eine einjährige Ausbildung zum „Change Agent", unter anderem an verschiedenen US-amerikanischen Universitäten wie dem Massachusetts Institute of Technology (MIT) und der Stanford Business School. Die Schwerpunkte der von ihm verantworteten Interim-Management-Mandate sind Management-Aufgaben auf der ersten und zweiten Führungsebene, komplexe Programm- und Projektmanagementaufgaben sowie das Managen nationaler wie internationaler unternehmenskritischer Transformationen aus Linien- und Projektfunktionen. Dabei beschäftigt er sich vor allem mit Aufgaben aus den Bereichen Sanierung, Restrukturierung, Turnaround und Wachstum.

Dr. Ulrich Spandau ist Geschäftsführer und Managing Partner der Atreus GmbH und verfügt über mehr als 25 Jahre Erfahrung in General Management, Human Resources Management, Beratung und Interim Management. Der an der Universität der Bundeswehr ausgebildete Diplom-Pädagoge war Managing Partner bei Boyden Interim Management, Bereichsleiter Personal bei der TÜV SÜD AG, Personalchef der Walter Bau AG sowie Vice President Corporate Executive Resources der E.ON AG. Dr. Ulrich Spandau verfügt über fundierte Beratungserfahrung in Change-Projekten der Bauindustrie, im öffentlichen Weiterbildungssektor sowie in der IT-Branche. Seine fachlichen und funktionalen Schwerpunkte sind Restrukturierung und Sanierung, Due Diligence im HR-Bereich, Post-Merger-Integration, Corporate Compliance sowie Projekte im Bereich Green Tech und Renewable Energy.

Prof. Dr. Bolko von Oetinger studierte Politikwissenschaft und Betriebswirtschaft in Berlin, promovierte bei Arnulf Baring und erwarb einen MBA in Stanford. Er gehörte seit 1974 der Boston Consulting Group (BCG) an; zunächst in Menlo Park und Paris, danach in München. Er ist Mitbegründer von BCG Deutschland, führte das Unternehmen von 1981 bis 1992, war von 1983 bis 1995 Mitglied des weltweiten Executive Committee und leitete von 1994 bis 1997 das weltweite Marketing. Neben seiner Klientenarbeit mit den Schwerpunkten Strategie, Organisation und Innovation zeichnete er von 1981 bis 2005 für die Kronberger Konferenzen verantwortlich. 1998 gründete er das BCG-Strategie-Institut, das er bis zu seinem Ausscheiden aus dem aktiven Beratungsdienst im April 2008 leitete. Seit 1998 lehrt Bolko von Oetinger als Gastdozent an der WHU „Strategisches Management"; 2004 wurde er zum Honorarprofessor ernannt. Er hat zahlreiche Artikel und Bücher zum Thema Strategie verfasst, u. a. „Das Boston Consulting Group Strategie -Buch" (1993), „Wie kommt das Neue in die Welt?" (1997) zusammen mit Heinrich von Pierer und „Clausewitz on Strategy" (2001) zusammen mit Tiha von Ghyczy und Christopher Bassford. 2006 erschien „Hänsel und Gretel und die Kuba-Krise. 13 Wege, Strategie neu zu denken".

Literaturverzeichnis

AIMP (2006); AIMP-Providerumfrage 2006 Interim Management in Deutschland.

AIMP (2007); AIMP-Providerumfrage 2007 Interim Management in Deutschland.

AIMP (2008); AIMP-Providerumfrage 2008 Interim Management in Deutschland.

AIMP (2009); AIMP-Providerumfrage 2009 Interim Management in Deutschland.

Alewell, D. (2006); Zeitarbeit und Interimsmanagement in Deutschland - Ein empirischer und institutioneller Vergleich, Schmalenbachs Zeitschrift für betriebswirtschaftliche Forschung (zfbf), 58 (12), 990-1012.

Alewell, D., Bähring, K.,Thommes, K. (2005); Institutional Structures of the Flexible Assignment of Personnel between Enterprises: An Economic Comparison of Temporary Agency Work, Interim Management and Consulting, management revue, 16 (4), 475-493.

Amadeus FiRe; siehe Galais.

Atkinson, J. (1994); Manpower strategies for flexible organisations, Personnel Management, 16 (8), 28-31.

Atreus GmbH (2009); Interim Management in Deutschland 2009.

Asendorpf, J. B. (2007); Psychologie der Persönlichkeit (4. Auflage), Berlin: Springer.

Bach; siehe Völpel.

Barney, J. B. (1991); Firm Resources and Sustained Competitive Advantage, Journal of Management, 17 (1), 99–120.

Böhnisch, W. (1979); Personale Widerstände bei der Durchsetzung von Innovationen, 1. Auflage, Stuttgart: Schäffer-Poeschel.

Bunk, G. P. (1994); Kompetenzvermittlung in der beruflichen Aus- und Weiterbildung in Deutschland, Kompetenz: Begriff und Fakten. Europäische Zeitschrift Berufsbildung, 1/1994, 9-15.

Chong, V. K., Johnson, D. M. (2007); Testing a model of the antecedents and consequences of budgetary participation on job performance, Accounting and Business Research, 37 (1), 3-19.

Cranet (2005); siehe Kabst & Giardini.

Cranet (2010); siehe Kabst et al.

DDIM (2007); Markt für Interim Management Dienstleistungen in Deutschland, Marktbarometer 2007.

DDIM (2009a); Interim Management Markt in Deutschland – Online-Markterhebung 2009.

DDIM (2009b); Die Zukunft der Arbeit ist flexibel, http://ddim.de/de/Interim_Management_Markt/Marktinformationen.php.

Delery, J. E., Doty, D. H. (1996); Modes of theorizing in strategic human resource management: Tests of universalistic, contingency and configurational performance predictions, Academy of Management Journal, 39 (4), 802-835.

Eisenberg, N., Niemann, C. (2004); Der Interimsmanagement-Dienstleister, in: Tiberius, A. V. (Hrsg.), Interimsmanagement. Management auf Zeit - in der Praxis, Bern: Haupt.

Erpenbeck, J., von Rosenstiel, L. (Hrsg.) (2003); Handbuch Kompetenzmessung, Stuttgart: Schäffer-Poeschel.

Executive Grapevine International Limited (2004); Interim Management in Europe 2004.

Galais, N. (2008); Erfahrungen von Interim Managern in Deutschland, in: Dahl, H., Riedel, A. (Hrsg.); Praxis-Handbuch Interim Management. Frechen: DATAKONTEXT.

Grapevine; siehe Executive Grapevine International Limited.

Greenwell Gleeson; siehe Galais.

Groß, H., Bohnert, R. (2007); Interim Management: Den Unternehmenswandel erfolgreich gestalten – mit Managern auf Zeit, München: Vahlen.

Hannan, M. T., Freeman, J. (1984); Structural Inertia and Organisational Change. American Sociological Review, 49 (2), 149-164.

Hannan, M. T., Laszlo, P., Carroll, G. R. (2002); Structural Inertia and Organisational Change Revisited III: The Evolution of Inertia. Research Paper 1734, Stanford, California: Stanford University, Graduate School of Business.

Heuse; siehe Ludwig-Heuse GmbH.

Hofstede, G. (2001); Culture's consequences – Comparing values, behaviors, institutions, and organizations across nations, Thousand Oaks: Sage.

Hofstede, G. (2009); Culture Dimension scores. http://www.geert-hofstede.com/hofstede_dimensions. php

House, R. J., Hanges, P. J., Javidan, M., Dorfman, P. W., Gupta, V. (2004); Culture, Leadership, and Organizations – The GLOBE Study of 62 Societies, Thousand Oaks: Sage.

Huselid, M. A. (1995); The impact of human resource management practices on turnover, productivity, corporate financial performance, Academy of Management Journal, 38 (3), 635-672.

Kablitz, D., (2007); Perspektiven für Interim Management in Europa, in: Groß, H., Bohnert, R. (2007): Interim Management, den Unternehmenswandel erfolgreich gestalten - mit Managern auf Zeit, München: Vahlen.

Kabst, R., Giardini, A. (2005); Die deutsche Cranet-Erhebung 2005: Empirische Befunde und Ergebnis-bericht, Universität Gießen.

Kabst, R., Kötter, P. M., Meifert, M., Wehner, M. C. (2010); Die deutsche Cranet-Erhebung 2010: Empiri-sche Befunde und Ergebnisbericht, Universität Gießen.

Kieser, A. (2002); Organisationstheorien. 5. Auflage, Stuttgart: Kohlhammer.

Knaese, B. (2004); Das Management von Know-how-Risiken, Wiesbaden: Gabler.

KPMG; siehe Völpel.

Krüger; siehe Völpel.

Krüger, W. (2006); Excellence in Change – Wege zur strategischen Erneuerung, 3. Auflage, Wiesbaden: Gabler.

Kuster, J., Huber, E., Lippmann, R., Schmid, A., Schneider, E., Witschi, U., Wüst, R. (2006); Handbuch Projektmanagement, Heidelberg: Springer.

Locke, E. A., Latham, G. P. (1990); A theory of goal setting and task performance, Englewood Cliffs. New Jersey: Prentice Hall.

Ludwig-Heuse GmbH (2004); Studie zum Interim Management-Markt 2003.

Ludwig-Heuse GmbH (2005); Studie zum Interim Management-Markt 2004.

Ludwig-Heuse GmbH (2006); Entwicklung des deutschen Interim Management-Marktes 2005.

Ludwig-Heuse GmbH (2007); Entwicklung des deutschen Interim Management-Marktes 2006.

Ludwig-Heuse GmbH (2008); Interim Management in Deutschland, Entwicklung 2008 / Prognose 2009.

Lünendonk-Trendstudie (2009); Der Markt für Interim Management in Deutschland, Kaufbeuren 2009.

MacDuffie, J. P. (1995); Human resource bundles and manufacturing performance: Organizational logic and flexible production systems in the world auto industry, Industrial and Labor Relations Review, 48, 197-221.

Matiaske, W., Kabst, R. (2002); Outsourcing und Professionalisierung in der Personalarbeit: Eine transaktionskostentheoretisch orientierte Studie, Zeitschrift für Personalforschung, Special Issue on ,Neue Formen der Beschäftigung und Personalpolitik', 247-271.

Matiaske, W., Mellewigt, T. (2002); Motive, Erfolge und Risiken des Outsourcings – Befunde und Defizite der empirischen Outsourcing-Forschung, Zeitschrift für Betriebswirtschaft, 72, 641-659.

Mestwerdt, C. (1998); Management-auf-Zeit in kleinen und mittleren Unternehmen (KMU) - Eine Analyse der potentiellen Einsätze sowie der Gestaltung des Einsatzprozesses unter Berücksichtigung der Nachhaltigkeit des Einflusses auf die Unternehmung, Bamberg: Difo-Druck.

O'Brien, G. (2002); Participation as the key to successful change - a public sector case study. Leadership & Organization Development Journal, 23 (8), 442-455.

Pankow, M. (1986); Untersuchungen zur Verbesserung der betrieblichen Arbeitssituation unter Verwendung der Akzeptanz im Rahmen von Arbeitsanalyse und Arbeitsentwicklung, Forschungsarbeit, 1. Auflage, Hamburg: Dr. Kovac.

PricewaterhouseCoopers LLP (2005); Understanding and Avoiding Barriers to International Mobility. International Mobility Insight Research Series.

Ribbert, S. (1995); Interim Management durch externe Führungskräfte - Eine Analyse der Einsatzgebiete, Erfolgsdeterminanten und Gestaltungsmöglichkeiten, Bergisch Gladbach: Josef Eul.

Riedel, A., Müller, J. (2008); Die Vertragsbeziehungen des Interim Managements, in: Dahl, H., Riedel, A., Praxishandbuch Interim Management, Frechen: DATAKONTEXT.

Ringlstetter, M.; siehe DDIM (2007).

Simon, H. (1998); Die heimlichen Gewinner, 5. Auflage, Frankfurt, New York: Campus.

Simon, H. (2007); Hidden Champions des 21. Jahrhunderts, Frankfurt, New York: Campus.

Tolbert, P. S., Zucker, L. G. (1996); Institutionalization of institutional theory, in: Clegg, S., Hardy, C., Nord, W. (Hrsg.), Handbook of organizational studies, London: Sage.

Vorwerk, K. (1994); Die Akzeptanz einer neuen Organisationsstruktur in Abhängigkeit von Implementierungsstrategie und Merkmalen der Arbeitssituation – Eine Fallstudie aus der Versicherungswirtschaft, Frankfurt am Main: Peter Lang.

Völpel, M., Bach, N., Fassbender, P., Krüger, W., Andersch, T. (2006): Der Chief Restructuring Officer (CRO) im deutschen Restrukturierungsmarkt - Ergebnisse einer explorativen Studie, Arbeitspapier Nr. 5/06 des Lehrstuhls BWL II, Universität Gießen.

Williamson, O. E. (1981); The Economics of Organization: The transaction cost approach, American Journal of Sociology, 87 (3), 548-577.

Williamson, O. E. (1984); The Economics of Governance: Framework and Implications, Zeitschrift für die gesamte Staatswirtschaft, 140 (1), 195-223.

Williamson, O. E. (1985); The Economic Institutions of Capitalism: Firms, Markets, Relational Contracting, New York: Williamson.

Williamson, O. E., Wachter, M. L., Harris, J. E. (1975); Understanding the Employment Relation: the Analysis of Idiosyncratic Exchange, Bell Journal of Economics, 6 (1), 250-278.

Wright, P. M., Haggerty, J. J. (2005); Missing Variables in Theories of Strategic Human Resource Management: Time, Cause, and Individuals, Management Revue: The International Review of Management Studies, 16 (2), 164-173.

Zucker, L. G. (1986); Production of Trust: Institutional Sources of Economic Structure, 1840-1920, Research in Organizational Behavior, 8, 53-111.

Abbildungsverzeichnis